13세부터 익히는 두뇌 사용법

구체 와 추상

호소야 이사오

.

시작하며

여러분은 '구체'와 '추상'이라는 말을 들어본 적이 있나요?

아마도 대부분의 사람은 한 번도 들어본 적이 없을 것입니다. 이는 학교 과목에서 다루지 않을 뿐만 아니라, 인터넷이나 TV에서도 잘 언급되지 않는 개념이기 때문입니다.

그러나 이 개념은 우리가 어릴 때부터 익혀야 한다고 여겨지는 읽기, 쓰기, 계산 같은 기본적인 기술보다도 먼저 이해해야 할 중요한 개념입니다. 왜냐하면 읽기나 계산 같은 기술조차도 결국 구체와 추상이라는 사고방식을 바탕으로 하기 때문입니다.

이 개념을 이해하면 학습이나 일상생활에서 더 효과적으로 생각하고 결정할 수 있습니다. 그리고 이를 더 빨리 익힐수록 누릴 수 있는 혜택도 커집니다.

이 책은 구체와 추상을 중심으로 한 사고방식과 시각을 소개하며, 다음과 같은 의문에 대한 답을 제시합니다.

· 왜 일상생활과 직접적으로 관련 없어 보이는 수학을 공부해야 할까요?

· 속담은 왜 존재하는 걸까요?

· 역사라는 오래전 과거를 공부해야 하는 이유는 무엇일까요?

· 방정식에서 나오는 x와 y는 어떤 의미일까요?

· 돈은 왜 필요할까요?

· 하고 싶은 말을 효과적으로 전달하려면 어떻게 해야 할까요?

· 내가 원하는 것을 실현하려면 무엇을 해야 할까요?

　이런 질문들은 학교에서 배우거나 일상생활에서 선생님, 가족, 친구, 선배 등에게 물어봐도 명확한 답을 얻기 어려운 내용일 것입니다.

　그러나 구체와 추상이라는 시각을 익히면 이러한 질문들에 대한 실마리를 찾을 수 있습니다. 더 나아가, 이 시각을 한 번 익히게 되면 이를 이해하지 못한 사람들과는 세상을 바라보는 방식 자체가 완전히 달라질 것입니다.

'세상이 어떻게 구성되어 있는지', '시대의 흐름이 어떻게 변하는지'처럼

눈에 보이지 않는 것들이 점점 보이기 시작할 것입니다. 이를 통해 주변 사람들과 더 자연스럽게 소통할 수 있으며, 생각이 잘 통하지 않아 겪는 스트레스도 줄일 수 있을 것입니다.

그렇다면 구체와 추상이란 무엇일까?

'구체'라는 단어는 익숙하게 들어보거나 사용해 본 경험이 있을 것입니다. 예를 들어, '말이 모호하니 구체적으로 이야기해 주세요.' 또는 '조금 더 구체적인 예를 들어 주면 이해하기 쉬울 것 같아요.' 같은 표현에서 사용되곤 합니다.

'구체'란 명확하고 이해하기 쉬운 것을 의미하며, 누구나 머릿속에 그림을 그리거나 눈으로 볼 수 있는 형태로 쉽게 상상할 수 있는 것을 말합니다.

반면, '추상'이라는 단어는 상대적으로 덜 익숙할 수 있습니다. 눈으로 보거나 손으로 만질 수 있는 것이 구체적인 것이라면, '추상'은 눈에 보이지 않고 손으로 만질 수도 없는 개념을 뜻합니다. 다시 말해, 오감을 통해 직접 느낄 수 없는 것들이 '추상'에 해당합니다.

예를 들어, 모호하고 이미지화하기 어려운 개념들이 '추상'에 속합니다. 또한, 이상, 경제, 보안, 에너지처럼 눈에 보이지 않는 개념을 나타내는 단어들도 '추상'적인 것들입니다. 이러한 개념들은 나이가 들면서 점점 이해하게 되고, 일상생활에서도 더욱 자주 사용하게 됩니다.

다른 세계가 보이기 시작하다

구체와 추상이라는 개념 자체가 추상적인데, 왜 이를 주제로 다루는 것일까요? 그 이유는 **구체와 추상의 의미와 사용법을 이해하면 우리의 일상뿐만 아니라, 인생 전반에 걸쳐 사물을 바라보는 시각이 완전히 달라지기** 때문입니다.

이 개념의 중요성은 아무리 강조해도 지나치지 않습니다. 실제로 많은 사람이 어른이 되어서야 이를 이해하고 나서 "좀 더 빨리 알았더라면 좋았을 텐데." 또는 "어릴 때 학교에서 가르쳤어야 한다."라고 말하곤 합니다. 이러한 말들만 보아도 그 중요성을 짐작할 수 있습니다.

구체와 추상을 한마디로 표현하자면, 우리가 살아가는 데 꼭 필요한 공기와 같다고 할 수 있습니다. 공기는 우리 삶에 없어서는 안 될 만큼 중요하지만, 평소에는 그 존재를 의식하지 않고 살아갑니다.

마찬가지로, 구체와 추상이라는 사고방식 역시 우리의 삶과 깊이 연결되어 있습니다. 공기가 우리 몸에 필수적이라면, **구체와 추상의 개념은 우리의 두뇌, 특히 사고하는 능력에 없어서는 안 될 필수적인 요소라고 할 수 있습니다.**

구체와 추상은 모든 것의 토대

구체와 추상이 국어, 수학, 영어 같은 과목과 어떤 관계가 있을까요? 단순히 새로운 과목이 하나 추가되는 개념이 아닙니다.

오히려 구체와 추상은 모든 과목의 기초가 되는 중요한 요소입니다. 언어나 숫자처럼, 우리가 무언가를 배우고 활용할 때 가장 기본이 되는 토대라

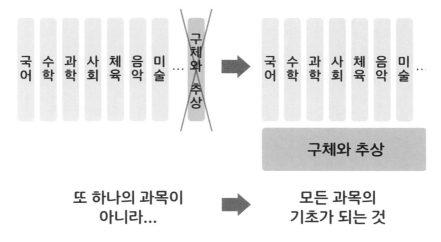

고 할 수 있습니다.

따라서 구체와 추상은 언어나 숫자를 배우기 전에 먼저 익혀야 하는 개념입니다.

언어나 숫자 자체가 결국 구체와 추상에서 비롯된 것이기 때문에, 이는 단순한 기초가 아니라 더 근본적인 토대라고 할 수 있습니다. 이는 학교 공부뿐만 아니라 동아리 활동, 취미, 놀이, 그리고 일상생활 전반에도 깊이 관련되어 있습니다.

그렇다면, 우리는 가능한 한 빨리 세상의 구조를 이해하고 이를 능숙하게 활용하는 것이 중요합니다.

여기까지 설명을 듣고, 여러분은 '공기가 없으면 하루도 살 수 없지만, 그

구체와 추상은 생활의 기본							
학교 공부	동아리 활동	취미·놀이	친구 관계	일	봉사 활동	예술	…

언어

숫자

구체와 추상

렇다고 해서 공기에 대해 공부하지 않아도 살아가는 데 문제가 없는 것처럼, 군이 구체와 추상에 대해 배우지 않아도 되지 않을까?'라고 생각할 수도 있습니다.

　그러나 공기와 '구체와 추상'의 가장 큰 차이점은 공기는 존재를 몰라도 살아가는 데 지장이 없지만, 구체와 추상을 얼마나 잘 이해하고 활용하느냐에 따라 사고력과 문제 해결 능력이 달라지고, 삶을 바라보는 방식도 더 넓어질 수 있다는 점입니다.

공부와 소통이 달라진다

구체와 추상을 활용하는 사람과 그렇지 않은 사람 사이에는 큰 차이가 생깁니다. 예를 들어, 언어와 숫자를 활용하는 방식에서 차이가 나타나며, 이는 공부뿐만 아니라 친구들과의 소통 방식에도 큰 변화를 불러옵니다.

구체와 추상은 우리 삶의 모든 영역에 영향을 미치기 때문에 이를 일찍 익혀두는 것이 중요합니다. **한 번 익히면 평생 지속되는 능력으로, 앞으로의 삶에 큰 영향을 미치는 중요한 요소가** 될 것입니다.

앞서 공기를 몰라도 살아갈 수 있다고 이야기했지만, '불은 왜 타는가?', '지구 온난화는 왜 일어나는가?' 같은 문제들은 공기의 구성 요소와 그 변화 과정을 이해함으로써 그 비밀을 풀 수 있습니다. 즉, 몰라도 살 수는 있지만, 이를 이해하는 사람과 이해하지 못하는 사람 사이에는 큰 차이가 생길 가능성이 있다는 점에서, 공기와 구체와 추상은 비슷한 측면이 있습니다.

이 책에서는 구체와 추상을 설명하기 위해 세 가지 도표를 활용합니다. 이 도표들은 책 전반에서 여러 장면에 등장하므로, 다양한 시각에서 살펴보는 것이 좋습니다.

먼저 이 도표들의 이미지를 떠올리며 책을 읽기 시작해 보세요. 책을 다 읽고 나면, 이 도표들을 주변의 다양한 현상에 적용할 수 있을 것입니다. 다시 말해, 이 도표들의 의미를 이해할 수 있다면 이미 구체와 추상의 개념을 익혔다고 볼 수 있습니다. 단순하지만 깊이 있는 이 도표들이 무엇을 의미하는지 탐구하는 자세로 이 책을 읽어나가길 바랍니다.

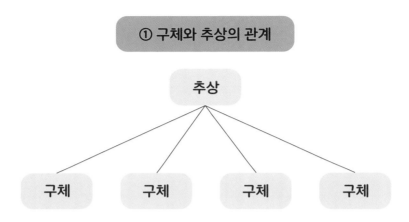

① 구체와 추상의 관계

　구체와 추상은 함께 이해해야 할 개념으로, 각각 개별적으로 존재하는 것이 구체이고, 그것들을 어떤 형태로든 하나로 묶어 다루는 것이 추상입니다.

　즉, 여러 개의 구체적인 사물이 하나의 추상적인 개념과 연결되는 관계를 형성합니다. 이러한 연결 방식이 바로 구체와 추상의 기본 원칙입니다.

② 구체와 추상 피라미드

　구체와 추상을 활용하여 우리의 주변, 특히 머릿속에서 일어나는 지적 활동을 표현한 것이 바로 구체와 추상 피라미드입니다. 이는 앞서 언급한 구체와 추상의 관계가 수직 방향과 수평 방향으로 확장되어 커다란 삼각형을 이루는 이미지를 나타냅니다.

　구체와 추상의 관계는 여러 층으로 연결되어 수직 방향이 구성되는 동시

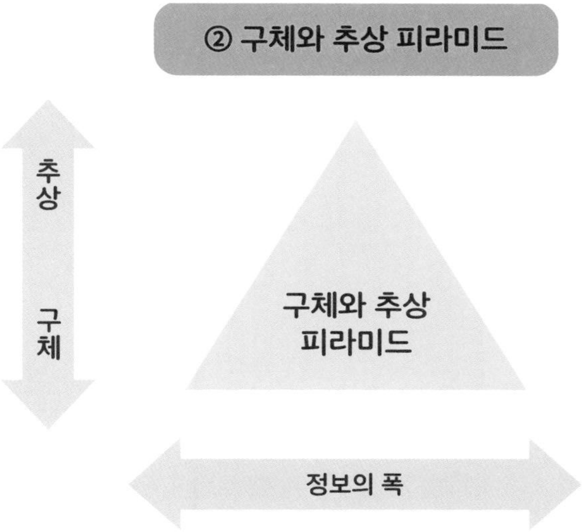

② 구체와 추상 피라미드

추
상

구
체

구체와 추상
피라미드

정보의 폭

에, 구체성이 높아질수록 수평 방향의 정보량도 증가하는 구조로 이루어져 있습니다.

③ 구체화와 추상화

이 책에서 소개하는 세 번째 핵심 도표는 구체화와 추상화라는, 즉 구체와 추상을 오가는 사고 과정을 요소별로 정리한 것입니다.

우리가 평소에 생각한다고 할 때는 이러한 추상화와 구체화가 끊임없이 반복됩니다. 예를 들어, '던지다'나 '앉다' 같은 신체 동작은 보여주는 것만으로도 쉽게 설명할 수 있습니다. 그러나 '생각하다'나 '사고한다' 같은 행위는 눈으로 볼 수 없기 때문에 설명하기가 어렵습니다. 이것이 생각하는 것

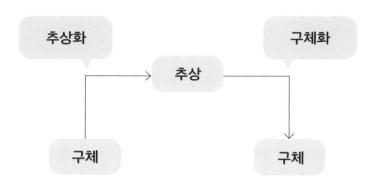

③ 구체화와 추상화

이 어려운 이유 중 하나입니다.

하지만 구체와 추상의 개념을 활용하면 '생각하는 것'도 보다 쉽게 설명할 수 있습니다.

그것이 바로 **'생각한다는 것은 구체와 추상을 오가며 사고하는 과정이다'** 라는 설명으로 이해할 수 있습니다. 구체적인 것을 바탕으로 개념을 정리하는 추상화와, 추상적인 개념을 다시 구체적인 사례로 바꾸는 구체화가 사고의 중요한 과정이라는 것입니다. 이를 이해하면 누구나 사고력을 보다 효과적으로 활용할 수 있습니다.

이 책은 바로 이러한 사고 과정을 구체와 추상의 개념을 통해 해명하고, 이를 실제로 활용할 수 있도록 돕는 내용을 다루고 있습니다.

이 책의 전체적인 구성과 장별 내용은 다음과 같습니다.

제1장에서는 앞서 소개한 두 개의 도표, 구체와 추상의 관계와 구체와 추

제 1 장	제 2 장	제 3, 4 장	제 5 장

구체와 추상
기본편

(구체와 추상이란?)

구체와 추상
응용편

(구체와 추상으로
사고력을 길러보자!)

구체와 추상
실천편

(공부와 일상생활에
서의 실천)

구체와 추상의
사용 시
주의사항

공부

일상생활

① 구체와 추상의 관계

③ 구체화와 추상화

② 구체와 추상 피라미드

상 피라미드를 활용하여 구체와 추상이란 무엇인지, 특히 더 이해하기 어렵고 보이지 않는 추상이란 무엇인지 설명합니다. 또한 구체와 추상 피라미드를 통해 인간의 머릿속 구조를 살펴보는 시간을 가집니다.

제2장에서는 마지막 세 번째 도표인 추상화(구체에서 추상을 이끌어냄)와 구체화(추상에서 구체를 이끌어냄)를 통해 우리가 어떻게 생각하는지, 즉 생각한다는 눈에 보이지 않는 행위의 실체를 구체와 추상의 연결 고리로 설명합니다.

제3장과 제4장에서는 실천편으로, 구체와 추상이 여러분의 학습(제3장)과 일상생활에서의 소통(제4장)에 어떻게 활용되는지 해설합니다. 이를 통해 세상을 새로운 시각으로 바라보는 방법을 소개합니다.

마지막 제5장에서는 구체와 추상의 사용 시 주의사항을 다룹니다. 이 책에서 배운 내용을 사용할 때의 주의점과 함께, 구체와 추상을 배운 여러분이 앞으로의 인생에 이를 어떻게 활용하면 좋을지에 대한 힌트를 제공합니다.

이 책을 읽는 방법

마지막으로, 이 책을 어떻게 읽으면 좋을지에 대한 가이드를 소개하겠습니다. 이 방법은 다른 많은 책에도 적용할 수 있습니다.

이 책은 구체와 추상을 오가며 쓰여 있습니다. 목차를 보고 '재미있어 보인다', '이해하기 쉬울 것 같다', '나와 관련이 있을 것 같다'라고 생각되는 부분은 대체로 구체적인 내용입니다. 반대로 '조금 어려울 것 같다'고 생각되는 부분은 대체로 추상적인 내용을 다루고 있습니다.

읽다가 '어렵다' 또는 '이해하기 어렵다'라고 느낀다면, 주저하지 말고 좀 더 이해하기 쉬운 제목의 부분으로 건너뛰어 읽어도 괜찮습니다.

하지만 여기서 중요한 점은, 사실 이 책에서 전달하고자 하는 핵심적인 내용들은 대부분 어려워 보이는(추상적인) 부분에 담겨 있다는 것입니다. **반면, 쉽게 보이는 (구체적인) 내용은 , 어려워 보이는 부분을 이해하기 위한 설명 역할을 합니다. 사실 많은 책이 이러한 구조로 구성되어 있습니다.**

따라서 '읽다가 이해하기 어려우면 쉬운 부분을 먼저 읽는다'라는 전략을 활용하는 것도 좋은 방법입니다. 다만, 쉬운 부분을 읽은 후에는 점차 어려운 부분도 이해할 수 있도록 도전해 보길 바랍니다. 그 과정 자체가 구체와 추상을 오가며 새로운 개념을 익히는 경험이 될 것입니다.

이 책을 통해 '구체와 추상은 왜 중요한가(Why)?', '구체와 추상이란 무엇인가(What)?', '구체와 추상을 어떻게 실천할 것인가(How)?'를 배우게 된다면, 이후의 삶은 지금까지와는 다른 시각으로 세상을 바라볼 수 있을 것입니다.

그럼, 처음 3~4페이지에서 제기한 의문들에 대한 답을 찾기 위해, 구체와 추상의 비밀을 하나씩 밝혀 나가 봅시다.

목차

제1장
구체와 추상이란 무엇일까?

제2장
구체와 추상으로 사고력을 길러보자!

제3장
구체와 추상을 공부에
어떻게 활용할 것인가?

제4장
구체와 추상을 의사소통에 어떻게 활용할 것인가?

제5장
구체와 추상 사용 시 주의사항

제1장

구체와 추상이란
무엇일까?

제1장에서는 '구체'와 '추상'이란 무엇인지, 왜 우리에게 중요한지, 그리고 인류의 발전에 어떻게 기여해 왔는지를 다룹니다. 구체와 추상이 우리에게 없어서는 안 되는, 인간으로서 존재하는 데 필수적인 기본 개념이라는 점을 이해하게 될 것입니다.

　이 장에서는 먼저 구체와 추상의 관계를 나타낸 도표를 통해 이를 설명합니다. 이후 구체와 추상이 우리의 사고 구조와 어떻게 연결되어 있는지를 살펴봅니다.

　또한 두 번째 도표인 구체와 추상 피라미드를 활용하여 구체와 추상이 피라미드처럼 넓어지는 고층 건축물의 구조로 이루어져 있음을 생활과 연결 지어 소개합니다. 이를 통해 구체와 추상이 우리의 일상생활에 어떤 영향을 미치고 있는지를 쉽게 이해할 수 있도록 돕습니다.

보이는 것과 보이지 않는 것

Q ▷ 동물과 인간의 차이는 무엇일까요?

겉모습은 물론 다르지만, 원숭이나 침팬지와 비교했을 때 인간과의 차이가 결정적으로 크다고 보기는 어렵습니다. 결정적인 차이는 과학기술을 활용한 자동차나 스마트폰 같은 도구를 능숙하게 사용하는 것과, 동물과는 비교할 수 없는 **만이나 억 단위의 인간 집단(국가나 민족)을 형성해 소수의 인원으로는 불가능한 인프라(도로, 전기, 수도, 디지털 네트워크 등)를 활용해 집단 행동을 할 수 있다는 점**이라고 말할 수 있습니다.

이러한 압도적인 차이가 존재하는 이유는 인간의 지식과 지혜, 즉 지적 능력, 머리를 사용해 무언가를 성취하는 능력 때문이라고 할 수 있습니다. 달리기나 뛰기 같은 신체적 능력에서 인간보다 뛰어난 동물은 많습니다. 하지만 지적 능력에 있어서는 다른 동물과 비교해 인간이 압도적인 능력이 있다는 점은 동의할 수 있을 것입니다.

지적 능력은 눈에 보이지 않습니다. 더 나아가 오감으로 느끼기도 어렵고, 쉽게 보고 듣거나 만지거나 냄새를 맡을 수 있는 것이 아닙니다. 오감 그 자체는 인간과 동물 간에 큰 차이가 없으며, 개의 청각이나 후각처럼 부분적으로는 인간보다 뛰어난 동물도 많이 있습니다. 그러나 지적 능력은 눈으로 보거나 귀로 듣는 것이 어렵고, 인간보다 뛰어난 동물은 기본적으로 존재하지 않는다고 볼 수 있습니다.

인간의 지적 능력을 어떤 시각에서 표현하자면, 동물에게는 보이지 않는 세계가 인간에게는 보인다는 것입니다.

인간만이 할 수 있는 일

초능력자가 아니더라도 우리에게는 보이지 않는 것을 보는 능력이 있다는 것을 예로 들어보겠습니다.

예를 들어, 누군가에게 SNS로 메시지를 보냈는데 상대방이 분명 읽었음에도 답장이 오지 않는, 흔히 말하는 '읽씹' 상태를 경험했다고 가정해봅시다. 이런 상황에서 쓸데없는 걱정을 하며 고민한 적이 있지 않나요? 예를 들어, '혹시 내가 상대방에게 불쾌한 표현을 한 건 아닐까?'라거나 '모르는 사이에 기분을 상하게 한 건 아닐까?' 같은 불안과 걱정은 다른 사람에게는 전혀 보이지 않는 것입니다.

이러한 부정적인 생각뿐만 아니라, 미래의 꿈이나 여름휴가에 대한 기대감 같은 즐거운 상상도 있을 것입니다. 하지만 이 모든 것은 눈에 보이지 않는 상상입니다.

그뿐만 아니라, 우리가 매일 사용하는 스마트폰이 작동하는 이유도 전기, 전자회로, 전파와 같은 눈에 보이지 않는 기술 덕분입니다. 스마트폰을 대표로 하는 디지털 기술은 인간만이 다룰 수 있는 보이지 않는 도구의 대표적인 예라고 할 수 있습니다.

돈도 인간만이 사용하는 것

돈 역시 눈에 보이지 않지만 우리의 삶에 큰 영향을 미치는 요소입니다. 흔히 말하는 부자는 길을 걸어가는 모습만으로는 쉽게 구분하기 어렵습니다. 비싼 물건을 착용하거나 고급 수입차를 타는 등의 모습이 단서가 될 수는 있지만, 그것만으로는 결정적인 증거가 되지는 않습니다.

아주 먼 옛날로 돌아가면, 부유한 사람은 큰 집을 소유하거나 곡식 창고에

쌀이나 농산물 등 다량의 재산을 보유하고 있었을지도 모릅니다. 하지만 현대에 와서는 대부분 돈이 은행 계좌 등 데이터로 저장되어 있는 경우가 많습니다.

25페이지에서 다뤘던 동물과 인간의 비교 도표에서 인간이 두 가지 방식으로 표현되었습니다. 이는 인간 내부에서도 보이지 않는 것을 바라보는 시각이 크게 다를 수 있음을 나타냅니다. 겉보기에는 비슷한 삶을 살고 있는 것처럼 보이지만, 보이는 사람과 보이지 않는 사람 사이에는 다른 세상이 보인다는 차이가 존재합니다.

인간의 상상력, 과학기술, 숫자, 돈 등 눈에 보이지 않는 개념을 사고하거나 표현하는 데 기본적으로 작용하는 것이 바로 추상입니다.

반대로 동물도 인간과 마찬가지로 보고 듣는 등의 오감을 통해 느낄 수 있는 것, 대표적으로 보이는 것은 구체적인 것에 해당합니다.

인간의 지적 능력의 본질

여기서 다시 한번 구체와 추상의 의미를 생각해 보겠습니다.

먼저 구체는 글자 그대로 실체를 갖추고 있다는 의미를 가집니다. 구체(具體)라는 단어에서 구(具)는 '갖추다'라는 뜻이며, 체(體)는 신체나 실체처럼 무언가가 실제로 존재하는 것을 의미합니다. 따라서 구체란 실체를 갖추고 있는 것을 뜻합니다.

반면, 추상(抽象)에서 추(抽)는 '끌어내다' 또는 '뽑아내다'라는 뜻을 가지고 있으며, 상(象)은 상징이나 상형문자에서 사용되듯이 형태로 나타낼 수 없는 특징이나 개념을 의미합니다. 따라서 추상이란 형태로 나타낼 수 없는 특징을 뽑아낸다는 뜻이 됩니다.

즉, 눈으로 보이거나 오감으로 느낄 수 있는 것이 구체이고, 그로부터 보이지 않는 특징을 뽑아낸 것이 추상이라는 관계입니다.

이렇게 생각해 보면, 추상이 인간의 지적 능력의 기본이 된다는 것을 이해할 수 있을 것입니다.

여기서 설명한 추상은 눈에 보이는 구체와 짝을 이루며 존재하며, 이 관계를 머릿속에서 다룰 수 있는 것이 인간 지적 능력의 본질입니다.

이 책의 목적은 여러분의 **머릿속에 있는 보이지 않는 세계를 구체와 추상이라는 개념과 구체에서 추상을 보는 추상화라는 도구를 활용해 크게 확장하는 데** 있습니다(25페이지의 그림에서 오른쪽 상태에 가까워지는 것을 목표로 합니다.). 물론 이것이 반드시 긍정적인 것만은 아닐 수도 있습니다. 인간에게는 셀 수 없을 만큼의 고민이 있기 때문에 그로 인한 부정적인 측면도 생각할 수 있을 것입니다.

하지만 동시에, 보이지 않는 세계를 볼 수 있음으로써 얻는 이점은 가늠할 수 없을 정도로 큽니다.

지금은 이런 설명만으로는 구체적인 이미지가 떠오르지 않을 수도 있습니다. 하지만 걱정하지 않아도 됩니다. 이제부터 여러분 주변의 예를 들어 하나씩 해설해 나갈 것이며, 이 책을 다 읽고 나면 구체와 추상에 대한 개념을 훨씬 더 명확히 이해할 수 있을 것입니다.

오이는 채소와 어떤 관계일까?

구체와 추상은 우리 삶의 모든 곳에 스며들어 있습니다. 하지만 갑자기 이렇게 말하면 무슨 뜻인지 잘 이해되지 않을 수도 있습니다. 그래서 먼저 이런 문제를 생각해 보시기 바랍니다.

Q 여러분이 이 단어들을 배열하여 정리한다면, 어떻게 하나요?

사각형 안의 단어들이 마치 어질러진 방처럼 보이지 않나요?

우선 정리란 무엇인지, 집 안을 정리하는 경우를 생각해 봅시다. 어질러진 방을 정리한다는 것은 식기를 식기장에, 책은 책장에, 쓰레기는 쓰레기통에 넣는 것처럼 비슷한 것들을 모아 한곳에 두는 것을 의미합니다.

여기에서는 물건이 아니라 어질러진 단어들을 정리하기 위해 앞서 나온 단어들의 비슷한 것 찾기를 해보겠습니다. 이 단어들을 살펴보면 몇 가지 짝을 이루는 묶음을 만들 수 있다는 것을 알 수 있습니다.

벌레와 귀뚜라미
동물과 고양이
해바라기와 식물
채소와 오이
귤과 과일
가구와 책장
스포츠와 축구

그렇다면 이들을 짝으로 묶어 배열해 봅시다(오른쪽 위 그림).

수직으로 배열된 두 단어는 같은 그룹으로 묶였고, 처음보다 더 정리된 상태처럼 보일 것입니다. 하지만 아직 약간 어수선한 부분이 있지 않나요?

맞습니다. 그것은 바로 각 단어 쌍의 수직 관계입니다.

예를 들어, '채소와 오이'라는 짝과 '귤과 과일'이라는 짝을 비교하면, 단어의 순서가 뒤바뀌어 있는 것처럼 느껴지지 않나요? 다른 묶음의 수직 관계를 비교하면 '귤과 과일'보다는 '과일과 귤'이라는 묶음의 단어 순서가 더 자연스럽게 느껴지지 않나요? 이러한 어색함은 두 단어 간의 관계에서 비롯됩니다.

| 벌레 | 동물 | 해바라기 | 채소 | 귤 | 가구 | 스포츠 |
| 귀뚜라미 | 고양이 | 식물 | 오이 | 과일 | 책상 | 축구 |

채소와 오이라는 짝을 문장으로 풀어쓰면, '채소의 예 중 하나가 오이이다.' 또는 '오이는 채소의 한 종류이다'라는 표현이 될 것입니다. 즉, 채소라는 단어는 오이 외에도 토마토, 당근, 양배추와 같은 다른 것들을 포함하여 묶어놓은 총칭이라고 할 수 있습니다.

이와 마찬가지로 '과일과 귤'의 관계도 '과일의 예 중 하나가 귤' 또는 '귤은 과일의 한 종류이다'라는 형태로 설명할 수 있습니다. 결국 '채소와 오이'의 관계와 '과일과 귤'의 관계는 동일한 구조를 가진다는 점을 알 수 있습니다.

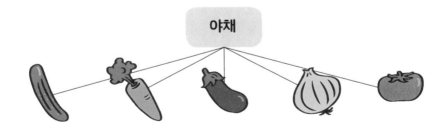

앞에서 살펴본 단어 쌍으로 돌아가 보면, 모든 단어 쌍이 같은 관계가 있다는 것을 알 수 있습니다. 이 관계를 기준으로 도표를 한층 더 체계적으로 정리해 보겠습니다.

이렇게 하면 앞에서 정리한 것보다 더 체계적으로 정리된 느낌이 들지 않나요?

특히 이번에는 가로로 연결된 부분을 주목해 보세요. 도표의 윗줄에는 여러 가지를 묶어놓은 총칭이 오고, 아랫줄에는 그 총칭에 속하는 구체적인 예시가 나열되어 있습니다.

이처럼 우리가 일상적으로 사용하는 단어들을 크게 두 가지 종류로 나눌 수 있습니다. 이것이 구체와 추상의 예입니다.

그렇다면 어느 쪽이 구체이고, 어느 쪽이 추상일까요?

구체적이라는 단어를 자주 사용하는 경우로는 '조금 더 구체적으로 말씀해 주실 수 있나요?'라는 표현이 있습니다. 이는 예를 들어 '어떤 것을 말씀하시는 건가요?'와 거의 같은 의미라고 할 수 있습니다.

즉, 구체란 예에 해당하는 것으로, 채소와 오이의 관계에서 오이를 가리키며, 반대로 추상이란 채소를 가리킵니다.

같은 방식으로
· 귀뚜라미는 곤충의 한 예

· 고양이는 동물의 한 예
· 해바라기는 식물의 한 예
· 귤은 과일의 한 예
· 책장은 가구의 한 예
· 축구는 스포츠의 한 예

로 표현할 수 있습니다.

즉, 구체와 추상이란 앞서 등장한 다양한 단어 쌍에 공통되는 관계를 나타낸 것입니다.

○○(구체)는 ××(추상)의 한 예이다.

××의 예는 ○○ 외에도 많이 있으며, 그것들을 '모아서 하나로' 표현한 단어가 ××에 해당합니다. 이를 도표로 나타내면 다음과 같습니다.

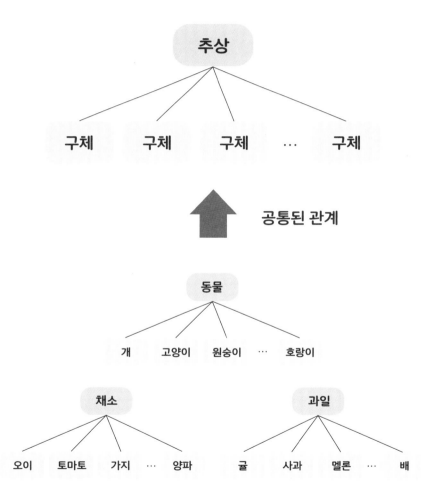

구체와 추상이란?

추상

구체   구체   구체   …   구체

공통된 관계

동물

개   고양이   원숭이   …   호랑이

채소

오이   토마토   가지   …   양파

과일

귤   사과   멜론   …   배

- 채소와 그 예의 관계
- 과일과 그 예의 관계
- 동물과 그 예의 관계

이 세 가지의 공통점을 한마디로 설명한 것이 왼쪽 페이지에 있는 도표의 상단 부분, '구체와 추상의 관계'입니다.

여기에서 이중적인 의미로, '여러 구체적인 예를 하나로 묶어 표현한 것이 추상적인 단어이다'라는 점이 설명되고 있다는 것을 이해하셨나요?

여기서 말하는 '구체와 추상의 관계'라는 추상적인 개념은 동물, 채소, 과일 이라는 세 가지 구체적인 예를 하나로 묶은 것이라는 설명이 또 다른 설명으로 제시되고 있는 것입니다.

이제 '구체와 추상' 사이에 어떤 차이가 있으며, 어떤 관계가 있는지를 표로 정리해 보겠습니다.

구체	추상
• 하나하나의 개별적인 것 • 눈에 보이는 것 • 직접 만질 수 있는 것 • 그림으로 그리거나 사진으로 찍을 수 있는 것	• 여러 개를 하나로 묶은 이름 • 눈에 보이지 않는 것 • 직접 만질 수 없는 것 • 그림으로 그릴 수 없고 사진으로 찍을 수 없는 것

우선, 구체란 오이, 토마토, 양파, 가지와 같은 각각의 개별적인 것을 가리

킵니다. 이러한 것들은 눈에 보이고, 직접 만질 수 있으며, 그림으로 그리거나 사진으로 찍을 수도 있습니다.

반면, 추상이란 이와 같은 여러 다른 것들을 공통적인 성질로 묶어 이름을 붙인 것으로, 직접 눈에 보이거나 만질 수 있는 것이 아니라 머릿속에만 존재하는 것을 의미합니다.

따라서 채소나 동물과 같은 단어는 그림으로 그리거나 사진으로 찍을 수 없습니다. 앞서 31페이지의 그림을 보면, 각각의 채소는 그림으로 표현되어 있지만, 채소는 단어로 적혀 있는 것을 알 수 있습니다.

'구체와 추상이란 무엇인가?'에 대해 우리가 일상적으로 사용하는 언어 속에서도 그 관계가 드러나 있다는 점을 이해하셨나요?

우리 주변은 구체와 추상으로 둘러싸여 있다고 해도 과언이 아닙니다. 물론 구체와 추상이라는 표현 자체는 추상적인 개념이기 때문에 이를 직접 눈으로 볼 수는 없지만, 그 응용 범위가 매우 넓다는 것을 느끼셨을 것이라 생각합니다.

그렇다면 이제부터, 더 나아가 '우리 주변에서 쉽게 접할 수 있지만, 깊이 파고들면 매우 심오한 구체적인 것과 추상적인 것의 세계'를 탐색해 보도록 합시다.

숫자란 무엇일까?

여러분은 숫자란 도대체 무엇인지 생각해 본 적이 있나요?

우리는 말을 배우듯이 어릴 때부터 자연스럽게 '숫자'라는 개념을 익혀 사용합니다. 예를 들어, 연필을 1자루, 2자루, 종이를 1장, 2장처럼 무언가를 세는 상황이나, 쇼핑이나 외식 시에 지불한 8,000원처럼 돈을 세는 단위로 사용하는 것이 바로 숫자입니다.

일상 곳곳에서 사용하는 수, 즉 숫자는 동물이 이런 개념을 다루지 않는 것으로 보아, 사실 고도의 지능 없이는 다룰 수 없는 것입니다.

예를 들어 3이라는 숫자를 생각해 봅시다.

다음 페이지의 그림에서 보듯, 3이라는 숫자는 연필 3자루, 개 3마리, 책 3권, 토마토 3개, 의자 3개 등으로 동일하게 표현할 수 있습니다. 이 그림의 관계를 보면, 이것은 지금까지 이야기해 온 추상화의 한 예라고 할 수 있습니다.

사소해 보일 수 있지만, 개 3마리와 의자 3개가 같은 것이라고 생각하는 것은, 구체적인 수준에서 사물을 보는 동물들에게는 이해할 수 없는 일입니다.

개 3마리는 그들에게 적이 될 수도 있어 불안한 존재이지만, 의자 3개는 그들에게 아무 관련 없는 것이며, 만약 토마토 3개라면 먹을 수 있을지도 모르는 대상으로 보일 것입니다. 이처럼 이들은 서로 다른 것으로 인식될 수 있

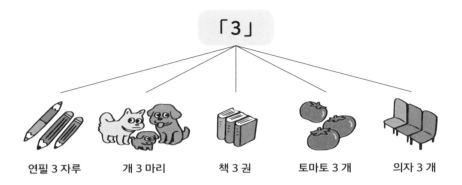

「3」

연필 3 자루   개 3 마리   책 3 권   토마토 3 개   의자 3 개

습니다.

그러나 이것은 인간에게는 (필요에 따라 다르지만) 같은 것으로 취급할 수 있습니다. 그렇다면, 이런 시각의 차이는 어떤 장점이 있을까요?

추상화의 장점

예를 들어, 세 사람이 있다고 가정해 봅시다. 이들 각각이 토마토, 연필, 의자가 필요하다고 하면, 우리는 "토마토와 연필과 의자를 각각 3개씩 가져다주세요."라고 표현할 수 있습니다.

또 다른 예로, 학교에서 40명으로 구성된 반 전체에게 10종류의 물건을 나눠준다고 할 때, "10종류의 물건을 모두 모아 반의 40명분을 가져다주세요"라고 표현하면, 하나씩 물건을 나눠주는 번거로움 없이 효율적으로 일을 진행할 수 있습니다.

만약 이 상황에서 숫자 10과 40을 사용하지 않고 표현하려 한다면, 다음과 같은 방식이 될 것입니다.

- 연필을 유니에게 가져다줘.
- 연필을 민희에게 가져다줘.
- (다른 38명에게도 "연필을 ○○에게 가져다줘."라고 반복)
- 책을 유니에게 가져다줘.
- 책을 민희에게 가져다줘.
- (다른 38명에게도 "책을 ○○에게 가져다줘."라고 반복)

이렇게 되면 총 10 × 40 = 400번이나 "○○를 ××에게 가져다줘"라는 말을 반복해야 합니다.

반면, "저기 있는 10종류의 물건을 반의 40명 전체에게 가져다줘"라고 말하면 단 한 문장으로 끝납니다. 이처럼 **숫자라는 추상적인 개념이 우리 삶을 얼마나 간단하고 편리하게 만들어 주는지 이해할 수 있을 것입니다.**

마찬가지로, 수학의 계산처럼 응용 범위를 확장해 나가면, 3 + 3 = 6과 같은 형태로 숫자가 늘어나거나 줄어드는 것을 덧셈이나 뺄셈 같은 방식으로 특정 대상을 지정하지 않고 숫자만으로 다룰 수 있습니다. 이를 통해 어떤 대상에도 적용할 수 있는 수식으로 설명할 수 있게 됩니다.

여러분, 수학은 왜 필요한지 생각해 본 적 있나요? 이 질문은 앞에서 언급한 '숫자가 왜 존재하는가?'라는 질문과 기본적으로 같은 질문이라고 할 수 있습니다.

어떤 색이나 형태에도 적용할 수 있다

수학에서 사용하는 숫자는 색깔도 형태도 없는 무미건조한 개념이라서 지루하다고 느끼는 사람도 있을 것입니다. 하지만 그러므로 어떤 색이나 형태의 사물에도 적용할 수 있는 넓은 활용 범위를 가진다는 특징이 있습니다.

29페이지의 '오이와 채소는 어떤 관계인가?'에서 구체적인 것은 색과 형태를 가지고 있어서 그림으로 그리거나 사진으로 찍을 수 있지만, 추상적인 것은 그렇지 않다고 설명한 바 있습니다.

그런데 숫자처럼 **색깔도 형태도 없고, 그림으로 그리거나 사진으로 찍을 수 없는 추상이기 때문에 가능한 일이 있습니다. 이는 인간은 할 수 있지만 동물은 할 수 없는 일, 즉 지능의 활용이라는 점**입니다.

여기서 3은 형태로 나타낼 수 없다고 하면, 3이라는 기호로 이미 형태가 되어 있지 않느냐고 반론하는 사람도 있을 수 있습니다. 하지만 잠시 생각해 보세요.

우리가 인식하는 3은 한국어로는 삼, 한자로는 三, 로마 숫자로는 Ⅲ, 영어로는 three 등 다양한 방식으로 나타낼 수 있습니다. 이처럼 숫자는 특정 형태에 국한되지 않고, 다양한 방식으로 표현 가능하다는 점이 중요한 특징입니다.

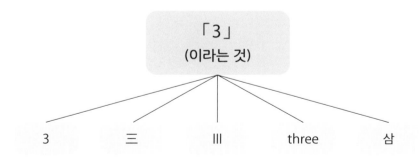

3이라는 표현은 반드시 절대적인 것이 아니며, 개 3마리나 의자 3개처럼 공통점을 추상화한 3이라는 표현은 단순히 문자나 기호로 나타낸 하나의 방식일 뿐입니다.

즉, 우리가 3이라고 표현하는 것은 본질적으로 우리의 머릿속에 존재하는 개념에 불과하다는 것을 알 수 있습니다. 이것이 바로 숫자가 추상적이라는 의미입니다.

이 이야기를 앞서 언급한 동물, 채소, 과일이 외국어에서는 다른 표현으로 나타난다는 점과 연결해 보면, 언어 그 자체도 숫자와 동일한 성격을 가진다는 것을 이해할 수 있습니다. 이것 역시 둘 다 추상적인 것이기 때문입니다.

언어란 무엇일까?

    숫자에 이어 우리의 생활이 보이지 않는 추상에 의해 지탱되고 있다는 예를 하나 더 들어보겠습니다. 사람이 동물과 다른 점 중 하나는 자유롭게 언어를 사용할 수 있다는 것입니다. 이번에는 그 언어라는 도구가 과연 어떤 것인지 다시 한번 생각해 보겠습니다.

    물론 동물도 울음소리나 으르렁거리는 소리 등으로 소리를 내는 것은 가능하지만, 이것은 인간의 언어와는 본질적으로 다릅니다.

    그 차이는 다름 아닌 구체와 추상으로 설명할 수 있습니다. 여기에서 사용하는 '추상'이라는 말은 '특징을 뽑아내다'라는 의미가 있는 측면을 뜻합니다.

 다음 그림 속 인물을 어떻게 표현할 수 있을까요?
다양한 시각에서 표현해 보세요.

예를 들어, 다음과 같은 표현 방법이 떠오를 수 있습니다.

· 남자아이

· 중학생 정도?

· 안경을 쓰고 있다

· 노란색 셔츠를 입고 있다

· 남색 바지를 입고 있다

· 손에 책을 들고 있다

· 뭔가를 생각하고 있는 듯하다

· 호기심이 많아 보인다

· 잔디밭 위에 서 있다

즉, 한 장의 그림을 표현하는 데는 다양한 언어를 사용해 묘사할 수 있습니다. 한 장의 그림이라고 표현했지만, 이는 여러분이 책을 읽고 있기 때문입니다. 눈앞에 실제 사람이 있는 경우에도 표현 방식은 크게 다르지 않습니다 (이 경우, 냄새나 소리처럼 그림으로는 표현할 수 없는 요소도 묘사의 대상

에 포함될 수 있습니다.).

이처럼 어떤 그림이나 사진에 나타난 것을 말로 표현하는 상황에서 무엇이 일어나는지 생각해봅시다.

우선, 단순한 한 장의 그림을 말로 표현한다고 해도, 조금만 고민하면 10가지 이상의 표현이 나올 수 있으며, 그 인물을 알고 있는 사람이 묘사한다면 더 많은 정보가 추가될 수도 있습니다.

예를 들어,

- 조카 민수
- 서울 OO중학교 2학년
- 마술을 잘함

처럼, 그 사람을 알고 있는 사람만이 알 수 있는 속성이 포함될 수도 있고,

- 여름방학에 어디를 갈지 계획 중
- 휴일에는 공원에서 독서를 즐김

처럼 구체적인 행동이 묘사될 수도 있습니다.

즉, 아무리 말로 표현을 했다고 해도, 이 인물의 상태나 성격, 생각까지 온전히 표현하는 것은 불가능합니다.

이 사실이 의미하는 바는 언어란 세상의 현상이나 사실 중 일부만을 잘라내어 단순하게 표현하는 도구에 불과하다는 점입니다.

언어는 사실의 일부를 잘라낸 것

세상 현상의 일부를 잘라내 단순하게 표현한다는 점에 주목하면, 언어란 구체적인 사물이나 사건을 추상으로 변환하는 과정, 즉 '구체 → 추상'이라는 추상화 그 자체라는 것을 알 수 있습니다. 이는 **'상황과 목적에 따라 복잡한 것을 단순화합니다'**라고도 표현할 수 있습니다.

이 그림 속 인물을 어떻게 언어로 표현하느냐는 사람마다 다를 것입니다. 즉, 백 명이 있다면 백 가지의 표현 방법이 존재할 수 있다는 뜻입니다. 이는 그때그때 언어를 선택한 사람의 상황과 목적이 다르기 때문입니다.

우리의 생활은 언어 없이는 이루어질 수 없습니다. 무인도에서 혼자 생활한다면 모를까, 다른 사람이 한 명이라도 있는 상황이라면 언어를 사용하지 않는 것은 상상하기 어렵습니다.

언어가 없다면 책도, 인터넷 기사도, TV 프로그램도, 쇼핑도 성립하지 않습니다. 언어가 인간에게 가져다준 이점은 헤아릴 수 없습니다. 이는 추상화의 혜택이라 할 수 있습니다. **'목적에 맞게 단순히 잘라내는 것'으로, 자신이 주목하고 싶은 특징을 한마디로 간단히 표현할 수 있는 것이 언어의 큰 장점**이라는 뜻입니다.

언어의 부정적인 면도 알아두자

　언어에는 큰 장점이 있지만, 이에 못지않은 부정적인 측면도 존재합니다. 그 부정적인 면은 앞서 '한 장의 그림을 표현하는 것'에서 확인했듯이, '현상을 잘라내는' 과정에서 비롯됩니다. **언어란 결국 '잘라내어 단순화하는' 도구에 지나지 않습니다.**

　우리 생활에서 발생하는 다양한 의사소통 문제의 상당 부분도 언어의 본질적인 특성에서 기인합니다.

　우리는 '각 개인의 상황과 목적에 따라 편리하게 선택된' 언어를 통해 소통하고 있습니다. 하지만 이러한 방식으로 의사소통하는 한, 우리가 서로를 이해하고 있다고(또는 이해하는 것처럼) 생각하는 것은 상당히 불확실한 믿음 위에 성립된 것임을 알 수 있을 것입니다.

　과학기술이 인류에게 엄청난 이점을 가져다준 동시에, 전쟁이나 사고와 같은 형태로 불행을 초래한 것과 마찬가지로, **언어 또한 강력한 도구로서 긍정적인 영향과 부정적인 영향을 동시에 미칠 수 있습니다. 그리고 그 근본에는 추상화가 가진 본질적인 특성이 자리하고 있습니다.**

　의사소통에서 구체와 추상이 가져오는 긍정적 · 부정적 측면에 대해서는 제4장에서 더욱 자세히 설명하겠습니다.

언어의 힘

축제가 끝난 어느 저녁, 담임인 김 선생님이 교실로 들어왔습니다. 2반은 힘을 합쳐 쿠키를 만들어 판매했고, 다양한 쿠키가 좋은 평가를 받았습니다.

"여러분, 정말 수고 많았어요. 여러 사람이 너무 맛있었다고 하더군요. 이제 마지막으로 뒷정리를 하면서 조금만 더 힘내봅시다."

선생님은 이렇게 말하며 두 개의 쓰레기통을 꺼내고 설명을 시작했습니다.

"오늘은 쓰레기가 많이 나왔을 테니 큰 쓰레기통 두 개를 준비했어요. 이 두 개를 나눠서 사용해 주세요."

- · 쿠키 남은 조각은 왼쪽 쓰레기통
- · 비닐봉지는 오른쪽 쓰레기통
- · 페트병은 오른쪽 쓰레기통
- · 종이 냅킨은 왼쪽 쓰레기통
- · 차 찌꺼기는 왼쪽 쓰레기통
- · 사용한 클립은 오른쪽 쓰레기통
- · 플라스틱 컵은 오른쪽 쓰레기통
- · 유리 조각은 오른쪽 쓰레기통

· 종이 접시는 왼쪽 쓰레기통
· 우유팩은 왼쪽 쓰레기통

…

여기까지 선생님의 설명을 듣던 유니는 약간 짜증 난 듯한 표정을 지으며 자리에서 일어나 결심한 듯 말했습니다.

"타는 쓰레기는 왼쪽, 타지 않는 쓰레기는 오른쪽이라는 말씀이죠?"

"맞아요. 바로 그거예요."

"그럼, 다들 그렇게 정리하면 되니까 바로 뒷정리를 시작합시다!"

유니의 기지 덕분에 모두가 속이 시원한 표정을 지으며 자리에서 일어났습니다.

여기서 무슨 일이 일어난 걸까요?

실제로 이렇게 답답하게 설명하는 선생님은 없을 것입니다. 이 상황은 '타는 쓰레기'와 '타지 않는 쓰레기'라는 간단한 표현을 사용하지 않고 복잡하게 설명하면 어떤 혼란이 생기는지를 보여주는 예시입니다.

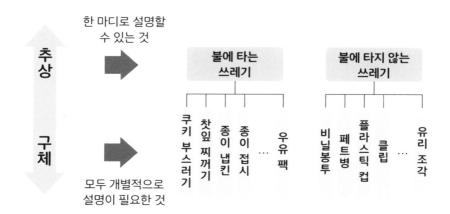

다음 그림을 확인해 보세요. 이 내용을 보면 '타는 쓰레기'와 '타지 않는 쓰레기'라는 단어가 다양한 종류의 쓰레기를 분류하고 정리하기 위한 용어임을 알 수 있습니다. 이는 하나로 묶어 표현하는 방식으로, 처음에 있었던 개별적인 설명을 한마디로 간단히 정리할 수 있게 해줍니다.

이것이 바로 추상화가 가져다주는 언어의 힘입니다. 언어는 이러한 추상적인 개념을 표현하기 위해 사용되는 도구입니다.

언어를 사용하는 것은 추상화와 반드시 함께합니다. 따라서 동물이 언어를 거의 사용하지 않는다는 것은 추상화 능력이 없다는 사실과 연결됩니다. 동물이 내는 울음소리나 포효는 얼핏 보면 언어와 비슷해 보이지만, 이는 추상적인 개념이 아니라 단순한 소리에 불과합니다.

결국, 인간이 언어를 사용할 수 있다는 것은 곧 추상적인 개념을 다룰 수 있는 지적 능력을 갖추고 있다는 의미입니다.

압도적인 시간 절약이 가능하다

앞서 설명한 쓰레기통 사용 구분의 예에서 볼 수 있듯이, 추상적인 개념을 언어로 표현하면 타인에게 설명하는 시간을 획기적으로 줄일 수 있습니다.

다른 시각에서 보면, 어떤 추상적인 개념을 알고 있는 사람으로서는 그 개념을 모르는 사람이 개별적으로 구체적인 사례를 나열하며 이야기하는 것이 답답하게 느껴질 수 있습니다. 그래서 중간에 "그거 ○○라는 거잖아요"라고 말하고 싶어질 것입니다. 언어를 배우고, 이를 통해 세트로 된 추상적인 개념을 익히는 것이 중요한 이유가 바로 여기에 있습니다.

이 내용은 앞서 37페이지에서 다뤘던 '숫자란 무엇일까?'라는 주제와 같은 구조로 되어 있습니다. 숫자와 언어는 모두 추상화된 개념이라는 점에서 본질적으로 동일합니다.

이처럼 개념을 모르면 한마디로 설명할 수 있는 것을 긴 시간과 많은 말을 사용해 설명해야 하는 상황은 우리 주변에서 자주 일어납니다. 그리고 대부분 이런 경우, 그 개념을 모르던 사람에게는 설명이 제대로 전달되지 않는 일이 많습니다. 이런 상황을 피하려고 우리는 다양한 언어와 개념을 배우고 있는 것입니다.

간결하게 설명할 수 있는 사람과 그렇지 못한 사람

추상화하여 정리된 단어와 개념을 다루지 못하면 주변 사람들에게 말이 길고 요점을 알 수 없는 사람으로 인식될 가능성이 높습니다. 반대로, **추상화를 잘 다룰 수 있으면 핵심을 간결하게 설명할 수 있는 사람으로 보일 것**입니다.

다른 시각에서 보면, 언어란 하나의 추상적인 개념(구체적으로 형상화할 수 없고, 오직 언어로만 표현할 수 있는 사고방식)과 연결되어 있습니다. 따라서 특정 단어나 개념을 모르는 사람으로서는 모르는 말을 들으면 그 말에 담긴 개념을 이해하지 못해 상당히 답답하게 느낄 수 있습니다.

예를 들어, 잘 알지 못하는 외래 단어가 사용되면 불쾌감을 느끼는 사람들이 많은 이유 중 하나가 바로 여기에 있습니다. 단순히 단어를 모르는 것뿐만 아니라, 그 단어에 담긴 사고방식 자체를 이해하지 못해 생기는 좌절감이 그 원인입니다. 그리고 바로 이 책에서 다루는 구체와 추상이라는 단어와 개념이 그러한 대표적인 예라고 할 수 있습니다.

구체와 추상이라는 단어를 사용하면 단 한마디로 표현할 수 있는 것을, 아무리 길게 설명해도 결국 오해가 생겨 소통이 제대로 이루어지지 않는 경우가 많습니다. 이러한 문제를 해결하고자 하는 것이 이 책이 추구하는 목표 중 하나입니다.

돈이란 무엇일까?

여러분, 돈이란 무엇인지 생각해본 적 있나요?

우리 삶에서 빼놓을 수 없는 것 중 하나인 돈은 간식을 사거나, 게임 아이템을 구매하거나, 옷을 사거나, 가족과 여행을 떠나거나, 병을 치료하는 데 사용됩니다. 무인도에서 생활하지 않는 이상, 하루라도 돈 없이 살아가는 것은 거의 불가능하다고 할 수 있습니다.

그만큼 중요한 돈이지만, 한국에서 돈의 역사를 살펴보면 삼국시대에 처음으로 화폐가 사용되기 시작했다고 알려져 있습니다. 세계적으로 보아도 화폐 사용은 고작 수천 년 정도의 역사밖에 되지 않습니다. 인류의 수만 년 역사를 고려하면, 돈을 사용하기 시작한 것은 사실 비교적 최근에 일어난 일이라는 것을 알 수 있습니다.

돈은 인간의 위대한 발명

인간도 단순히 동물로서 살아가는 데는 돈이 필요하지 않았습니다. 하지만 돈이라는 존재로 인해 우리의 삶은 비약적으로 진화했습니다. 이 돈이라는, 말하자면 인간의 위대한 발명 역시 이 책의 주제인 구체와 추상이 만들어낸 결과물입니다.

여기까지 읽고 바로 이해한 사람은 많지 않을 것입니다. 대부분 사람은 도대체 왜 돈이 이런 개념과 연결되는지 의문을 품을 것입니다. 이 관계를 설명하기에 앞서, 돈이 우리 삶에서 어떤 역할을 하는지 먼저 생각해봅시다.

우리가 일상적으로 돈을 사용하는 가장 흔한 상황은 무언가를 구매하는 것입니다. 이는 병원, 호텔 등에서 어떤 서비스를 받는 것도 포함됩니다. 즉, 물건이나 서비스를 받는 대가로 이에 상응하는 돈을 지불하는 것입니다.

다르게 말하면, 물건이나 서비스와 교환하기 위해 주고받는 것이 바로 돈입니다. 따라서 돈의 주요 기능 중 하나는 교환의 수단이라는 점입니다.

돈이 발명되기 전에도 사람들 사이에서는 교환이 이루어졌습니다. 예를 들어, 고기와 생선, 감자와 당근을 교환하는 것처럼 말입니다.

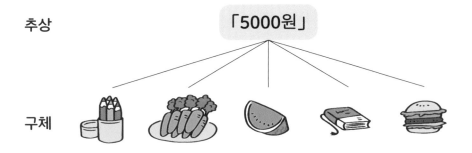

하지만 돈을 사용할 때와 사용하지 않을 때는 큰 차이가 생깁니다.

그 차이는 이러한 교환에서 돈이 하는 역할을 생각해보면 알 수 있습니다. 예를 들어, 하나에 5,000원이라는 기준이 있다고 가정해봅시다. 색연필이든, 수박이든, 책이든, 햄버거든, 게임 아이템이든, 음악 다운로드든 모든 것이 5,000원이라는 기준으로 표현될 수 있습니다.

이처럼 물건이나 서비스를 교환할 때 돈이라는 단일한 기준을 거치게 됨으로써, 돈이 없는 상태와 비교했을 때 훨씬 원활하게 교환이 이루어지는 것입니다. 돈은 다양한 것들의 가치를 하나의 척도로 비교할 수 있도록 사용되는 도구라는 점을 보여줍니다.

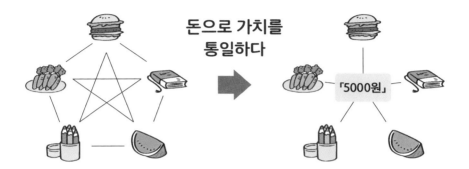

돈으로 가치를 통일하다

「5000원」

이는 각 물건이나 서비스가 구체적인 것이고, 돈은 추상적인 것이라는 관계로 이루어져 있다는 것을 의미합니다.

숫자나 언어에 더해 돈 또한 인간이 가진 완전히 다른 개별적인 것들을 동일한 것으로 간주하는 추상화 능력이 만들어낸 산물입니다.

이 경우, 동일하다고 간주하는 것은 각각의 물건이 지닌 가치를 같은 것으로 보고 그것들을 하나의 기준(예: 5,000원)으로 묶어 표현하는 것입니다.

이를 통해 우리의 생활이 얼마나 추상적인 개념들로 이루어져 있는지 알 수 있습니다. 이러한 것들은 동물들이 가지지 못한 것이며, 동시에 인간의 삶에서 거의 모든 것을 구성하는 필수적인 요소라 할 수 있습니다.

지금까지 우리는 인간이 숫자, 언어, 돈과 같은 보이지 않는 개념을 만들어냄으로써 동물과 어떻게 다른 삶을 살아가는지를 살펴보았습니다. 이 세 가지는 추상을 통해 탄생한 인간의 대표적인 발명품이라고 할 수 있습니다.

추상이란 공통된 특징을 추출하여 묶는 것

지금까지 우리는 인간이 숫자, 언어, 돈과 같은 보이지 않는 개념을 만들어냄으로써 동물과 어떻게 다른 삶을 살아가는지를 살펴보았습니다. 이 세 가지는 추상을 통해 탄생한 인간의 대표적인 발명품이라고 할 수 있습니다.

> **Q** 숫자, 언어, 돈의 공통된 특징은 무엇일까요?
> 다음과 같이 정리해 보세요.

- 자연이나 주변 사물 등의 특징을 관찰하여 공통된 요소를 추출한다.
- 겉보기에는 다르게 보이는 구체적인 것들을 동일한 특징으로 묶는다.
- 그렇게 묶인 개념에 이름을 붙인다.

이는 다음과 같은 의미를 가집니다.

추상화란 개별적으로 다른 구체적인 사물들에서 공통된 특징을 추출하여 서로 연관시키는 과정입니다. 여기서 '연관시키는' 것은 '같은 범주로 묶는다'는 의미를 가집니다.

이 과정을 그림으로 표현하면 다음과 같습니다.

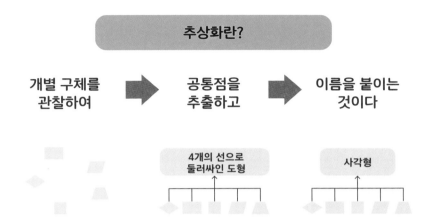

여기에서는 다양한 도형 중에서 4개의 선으로 둘러싸인 도형을 모아 '사각형'이라고 추상화하여 정의하는 과정을 그림으로 나타냈습니다.

앞서 보여준 바와 같이, 구체와 추상의 관계는 여러 개의 서로 다른 구체적인 것들이 하나의 추상적인 개념으로 묶이는 다대일 관계입니다. 이를 트리 구조로 나타낼 수 있는 이유를 이해했을 것입니다.

더 나아가, 추상화란 서로 다른 여러 대상을 전제로 하여 성립한다는 점도 알 수 있습니다. 즉, 추상은 다양한 것을 서로 연관 짓는 과정이라고 할 수 있습니다.

이것이 의미하는 바는, 추상화를 위해서는 여러 대상을 넓게 내려다보는 큰 그림을 보는 시각이 필요하다는 것입니다.

이와 반대로, 이후 85페이지에서 다룰 '같다'와 '다르다'의 비밀에 대한 설명에서 구체적으로 관찰한다는 것은 개별 대상을 자세히 보기 위해 가까이

다가가서 보는 과정이라고 말하고 있습니다.

여기에서 알 수 있는 점은, 구체와 추상의 차이 중 하나가 아래 그림처럼 '개별적으로 가까이 다가가서 보는 것'과 '여러 대상을 멀리서 한 발짝 물러서서 보는 것'의 차이라는 것입니다.

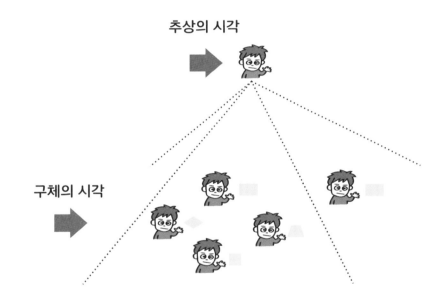

즉, 추상적으로 바라보기 위해서는 넓은 시야로 사물을 파악하는 것이 필수적입니다.

다시 말해, **구체적인 것을 관찰할 때는 마치 현미경처럼 가까이서 세밀하게 살펴보는 '미시적 시각'이 필요하지만, 추상을 이해하기 위해서는 상공에서 바라보듯 넓게 관찰하는 '거시적 시각'이 필요하다는 것입니다.**

구체와 추상은
고층 피라미드

29페이지에서 다룬 '오이와 채소' 절에서는 오이와 채소, 귤과 과일, 개와 동물처럼 개별적인 사물과 분류의 관계가 구체와 추상의 관계라는 점에 대해 설명했습니다.

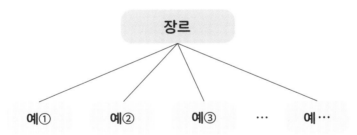

즉, 구체와 추상은 마치 1층과 2층처럼 위아래로 연결된 관계를 이루고 있다는 것을 알 수 있습니다. 앞서 언급한 예에서 오이, 귤, 개와 같은 구체적인 이미지(색깔과 모양이 있는 것들)는 1층에 해당하고, 이를 같은 종류로 묶은 분류명(예: 채소, 과일, 동물)은 추상적인 개념으로 2층에 해당합니다.

그러나 구체와 추상의 관계는 단순한 2층 구조로 끝나는 것이 아니라, 고층 빌딩처럼 여러 층으로 이루어진 구조라는 점이 흥미롭습니다.

예를 들어, 채소와 과일은 마트에서 신선도가 중요한 '신선식품'이라는 이름으로 묶일 수 있습니다. 신선식품은 오랫동안 저장 가능한 말린 해조류 같은 건어물이나 유제품, 냉동식품과 함께 '식품'이라는 더 큰 범주로 묶일 수 있습니다. 그리고 식품은 비누나 문구류와 함께 '상품(팔 물건)'이라는 이름으로 표현될 수도 있습니다.

여기까지는 분류를 더욱 발전시키면서 '구체 → 추상의 방향으로 올라가는' 사례를 다루었습니다. 하지만 반대로, **'포도'라고 해도 거봉, 캠벨 등 다양한 품종이 존재하듯이, 더욱 세부적인 종류로 나눌 수도 있습니다**(다음 그림 참조).

궁극적으로는, 우리가 특정 시점에 특정 장소에서 먹었던 '2025년 1월 25일 오후 2시 30분에 우리 집 거실 테이블에서 먹은 그 포도'라는 개별적인 실체로까지 파고들 수 있습니다.

피라미드 구조로 이루어져 있다

이는 앞서 설명한 것과 반대 방향으로, 구체화의 과정에서 땅속을 파고 내려가는 듯한 이미지를 떠올릴 수 있습니다.

구체와 추상의 관계는 단순한 2층 구조에 머물지 않습니다. 고층 빌딩처럼 높은 층도 존재하고, 땅속 깊이 파고드는 지하층도 존재합니다. 그리고 이러한 구조는 넓게 퍼진 저변을 가진 피라미드 형태를 띠고 있습니다.

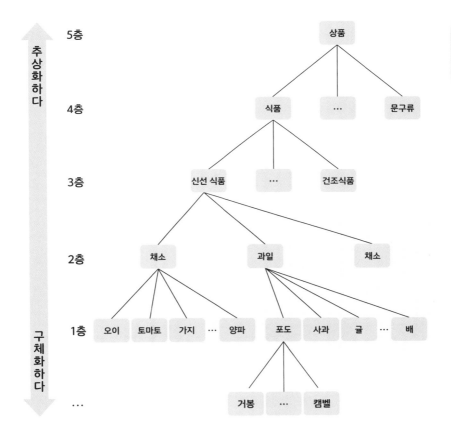

이처럼 우리가 무심코 사용하는 말도 1층에 해당하는 표현부터 여러 층을 올라간 고층에 해당하는 표현, 그리고 지하 깊숙이 내려간 표현까지 다양한 층을 가집니다.

우리 생활은 평평한 지면에서 이루어지는 것처럼 보이지만, 사실은 고층 피라미드 속에서 살고 있는 셈입니다. 이렇게 생각해 보면, 주변 세상이 지금까지와는 전혀 다르게 보이지 않습니까?

흑백 논리가 아닌, 모든 것은 회색

구체와 추상의 관계는 흑백 논리가 아니라 회색으로 이어집니다.

구체와 추상에 대해 이야기하면서, 세상의 모든 것이 구체인지 추상인지 흑백 논리처럼 이분법적으로 나뉜다고 생각할 수도 있습니다. 하지만 실제로는 구체인지 추상인지는 상황과 맥락에 따라 달라질 수 있으며, 이는 이전 절에서 다룬 피라미드 구조를 통해 이해했을 것입니다. 결국, 다른 요소들과의 비교를 통해 무엇이 구체이고 무엇이 추상인지가 결정된다는 뜻입니다.

이제는 이 관계를 확장해 사물을 묶어 분류할 때 입자의 크기, 즉 세분화 정도에 대해 생각해보겠습니다. 앞서 나온 오이와 채소의 관계를 보면, 오이는 채소라는 큰 분류 속에 속합니다. 그러나 오이는 양파나 가지와 함께 '담색 채소'라는 중간 단계로도 묶일 수 있습니다. 이는 오이와 채소의 중간 단계, 즉 중간 입자 크기에 해당한다고 할 수 있습니다.

즉, 고층 건축물처럼 구체와 추상의 피라미드는 단순히 1층, 2층, 3층으로 고정된 것이 아니라, 층과 층 사이에 중간층을 추가로 만들 수도 있습니다.

앞서 다룬 고층 피라미드와 이 이야기를 통해 알 수 있는 것은, 구체와 추상의 관계는 완전히 흑백으로 나뉘는 것이 아니라, 모든 것이 회색 톤으로 이어

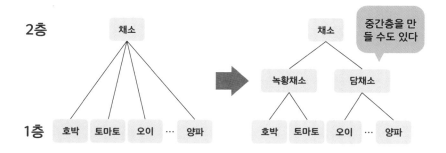

2층 / 1층

채소

호박 토마토 오이 … 양파

채소

녹황채소 담채소

호박 토마토 오이 … 양파

중간층을 만들 수도 있다

져 있다는 점입니다. 그리고 그 회색 톤에서 무엇이 더 짙은 회색인지, 무엇이 더 옅은 회색인지를 비교하는 관계에 가깝다는 것입니다.

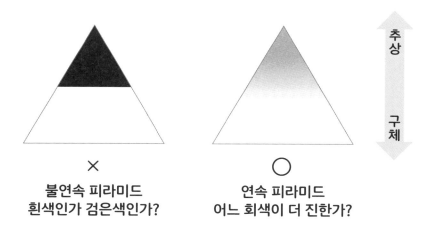

추상

구체

×
불연속 피라미드
흰색인가 검은색인가?

○
연속 피라미드
어느 회색이 더 진한가?

예를 들어, 강원도가 대한민국의 도 중 하나라고 생각하면 강원도가 1층이고 대한민국이 2층으로 볼 수 있습니다. 하지만 1층과 2층 사이에 중간층으로 강원권이라는 구분을 설정할 수도 있습니다. 대한민국 위에 아시아나 북반구 같은 고층을 만들 수도 있고, 강원도의 아래에는 강릉시나 평창군 같은 저층을 추가할 수도 있습니다.

즉, 구체와 추상의 차이는 단절된 변화(흑백처럼 완전히 다른 상태)가 아니라 연속적인 변화라는 것을 의미합니다. 구체와 추상 피라미드는 특정 층수에 집중하기보다는 무엇이 더 구체적인가, 혹은 추상적인가를 비교하는 시각에서 바라보는 것이 중요합니다.

예를 들어, '남북'이라는 단어는 세상이 남과 북으로 완전히 나뉜다는 의미는 아니지만, 북반구를 기준으로 보면 남쪽이 비교적 온난하고, 북쪽이 더 한랭하다는 경향을 나타냅니다. 또한, 서울은 인천에서 보면 동쪽이고, 춘천에서는 서쪽이라는 식으로 비교 대상에 따라 방향이 달라질 수도 있습니다.

이처럼 시각에 따라 구체와 추상의 위치와 역할은 상대적으로 변할 수 있습니다. 그래서 '구체는 눈에 보이고, 추상은 눈에 보이지 않는다'는 설명보다는 '어느 쪽이 더 잘 보이는가'라는 표현이 더 적절할 것입니다.

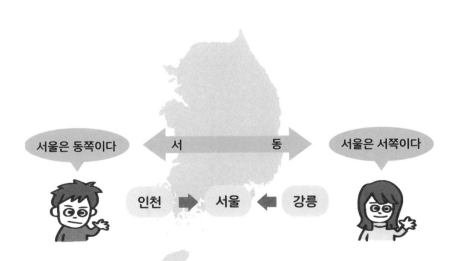

제1장의 요약

제1장에서는 구체와 추상이 무엇인지에 대해 다루며, 기본적인 사고방식을 설명했습니다. 또한, 이 책을 통해 익혀 두면 좋은 도표와 그 활용법을 소개했습니다.

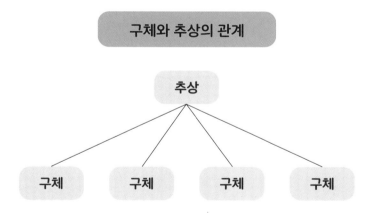

구체와 추상 피라미드

추
상

구
체

구체와 추상
피라미드

정보의 폭

    구체와 추상의 관계 도표에서는 두 개념이 어떻게 연결되는지를 기본적인 사고방식으로 시각화하여 설명했습니다. 이를 대표적으로 보여주는 예로 숫자, 언어, 돈을 다루며, 인류의 역사와 우리의 일상생활이 어떻게 연관되는지를 제시했습니다.

제 2 장

구체와 추상으로
사고력을 길러보자!

머리를 쓰는 활동 중에서도 구체와 추상이 특히 중요한 역할을 하는 것은 바로 생각하는 행위입니다. 제2장에서는 구체와 추상으로 사고한다는 것이 어떤 의미를 가지며, 그것이 왜 유용한지 함께 고민해 봅니다.

　　머리를 쓰는 대표적인 활동 중 하나는 아마도 여러분이 매일 많은 시간을 투자하는 공부일 것입니다. 여기에서는 머리를 쓴다는 추상적인 개념을 누구나 이해하기 쉬운 형태로 설명하려 합니다.

　　단순히 암기하는 것만으로 지식을 쌓는 것도 중요하지만, 그것을 어떻게 머릿속에서 조합하고 가공하여 실생활에 도움이 되는 지식으로 변환할 것인지가 관건입니다. 이 과정에서 구체와 추상이라는 사고방식이 깊이 관여하게 됩니다.

　　즉, 머리를 쓰는 방법을 단순한 암기가 아닌 사고의 가공과 활용으로 발전시키는 데 있어 구체와 추상은 필수적인 사고 도구가 됩니다.

지혜로워진다는 것은 어떤 의미일까?

인간은 동물보다 더 높은 지적 능력이 있다고 여겨집니다. 일반적으로 우리는 동물보다 더 똑똑하다고 표현됩니다. 여기에서 지적 능력, 즉 지능이 높은 것을 '똑똑하다'라고 정의합니다.

그렇다면 지능이 높다 혹은 똑똑하다는 것은 어떤 의미일까요?

이 주제는 오랜 세월 동안 많은 연구자들이 다루어 온 문제로, 단 하나의 정답이 있는 것은 아닙니다. 하지만 이 책에서는 나름의 시각으로 이 질문에 대해 생각해 보려고 합니다.

인간은 어떻게 지혜로워졌을까?

인류가 옛날부터 어떻게 생활에 필요한 지식을 습득하고, 이를 통해 더 지혜로워졌는지 생각해 봅시다.

우리는 살아가는 데 필수적인 생활의 지혜를 끊임없이 축적해 왔습니다. 그리고 이러한 지혜를 매일 활용하면서 과거보다 더 똑똑하게 생활하고 있다고 할 수 있습니다. 그렇다면 이러한 생활의 지혜는 어떻게 습득해 온 것일까요?

한 가지 예로, 내일 날씨를 예측하는 방법을 들 수 있습니다.

지금처럼 텔레비전이나 인터넷에서 쉽게 일기예보를 확인할 수 없었던 옛날에는 날씨를 예측하는 것이 중요한 관심사였을 것입니다.

그런 시대에 어느 지역에서 3월 24일, 5월 8일, 9월 20일, 11월 7일 등 서로 다른 날에 여러 사람이 '전날 저녁노을을 보았더니 다음 날 맑았다'는 경험을 했다고 가정해 봅시다.

단 하루의 경험만으로는 결론을 내릴 수 없지만, 여러 장소와 날짜에서 동일한 경험을 한 사람이 많다면 이를 일반화하여 '저녁노을이 나타나면 다음 날은 맑다'는 하나의 법칙을 도출할 수 있습니다.

이는 개별적인 경험을 일반화하여 하나의 법칙으로 만드는 과정을 의미합니다(다음 그림 참조).

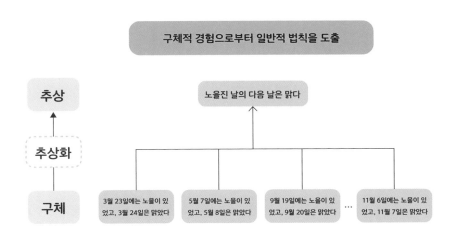

이처럼 **다수의 경험으로부터 법칙을 도출하는 과정을 '경험칙'이라고 합니다. 이는 구체적인 개별 경험이나 사건을 추상적인 지혜나 교훈으로 바꾸는 전형적인 예**라고 할 수 있습니다.

이렇게 얻어진 지혜나 교훈은 본질적으로 추상적인 것이기 때문에 그 자체로는 직접적으로 유용하지 않을 수도 있습니다. 따라서 이를 개별적인 상황에 적용해야만 실천적인 지침이 되어 생활에 도움이 됩니다.

예를 들어, 5월 12일 저녁노을이 보였다면, 이를 경험칙에 따라 적용해 '5월 13일은 맑을 확률이 높다'는 예측을 도출할 수 있는 것입니다.

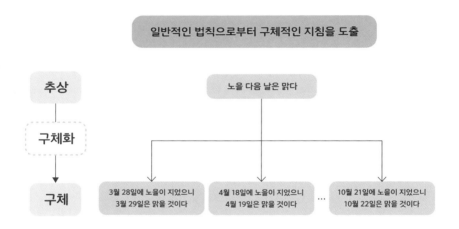

우리가 경험을 통해 배움을 얻고 지혜로워지는 과정은, 처음에는 구체적인 것에서 추상적인 것으로의 추상화가 일어나고, 그다음에는 추상적인 것에서 구체적인 것으로의 구체화가 이루어지는 순서로 진행됩니다.

이 두 단계를 요약하면 다음과 같은 구조로 표현할 수 있습니다.

우리가 지혜로워지기 위해서는 구체와 추상을 계속해서 오가며 사고하는 것이 기본이라는 점을 알 수 있습니다.

단순히 개별적인 구체적 사건 하나하나만으로는 배움이 이루어지지 않습니다. 유사한 사건을 여러 번 경험하고, 그것을 하나의 법칙으로 이해해야 비

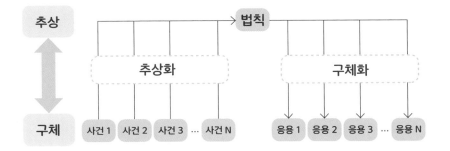

로소 미래에 일어날 수 있는 일에 이를 응용할 준비가 가능해집니다.

그 후, 비슷한 사건을 마주할 때마다 이전에 배운 법칙을 눈앞의 구체적인 상황에 적용함으로써 배움을 실생활에서 활용할 수 있게 됩니다.

즉, **여러 번 고통스러운 경험을 겪으며 그것을 교훈으로 삼아 일반적인 법칙으로 정리하고, 이후 비슷한 상황에서 같은 실수를 반복하지 않도록 하는 것이 바로 우리가 지혜롭게 성장하는 과정의 대표적인 예**라고 할 수 있습니다.

선조들의 지식을 활용하라

이처럼 다양한 상황에 적용할 수 있는 일반적인 규칙은 자연과학(물리, 화학, 수학 등)에서는 법칙(만유인력의 법칙, 후크의 법칙 등)이나 정리(피타고라스의 정리, 이항정리 등)라고 불립니다.

이러한 법칙과 정리를 배우면서 우리는 수많은 상황에서 공통으로 적용할 수 있는 패턴을 익히고, 개별적으로 일일이 대응하지 않고도 효율적으로 문제를 해결할 수 있게 됩니다.

즉, **법칙과 정리를 배우고, 연습 문제를 푸는 과정 자체가 추상에서 구체로 사고하는 훈련**이라고 할 수 있습니다.

이 과정에서 활용하는 것은, 이미 과거의 위대한 과학자들과 연구자들이 실험과 탐구를 통해 발견하고, 법칙과 정리의 형태로 체계화해 놓은 지식입니다.

그러므로 우리는 선조들이 축적해 놓은 이 지식을 출발점으로 삼아, 그들의 연구 성과를 효과적으로 활용할 수 있는 것입니다.

'공부한다'는 것은 무엇일까?

이전 절에서는 인간이 어떻게 구체와 추상을 오가며 동물과는 다른 방식으로 지식을 습득하고, 점점 더 지혜로워졌는지에 대해 설명했습니다.

그렇다면 여러분은 스스로 지혜로워지기 위해 매일 어떤 일을 하고 있습니까? 매일 학교나 집에서 하는 공부가 바로 그것입니다.

공부란 우리가 날마다 더 지혜로워져서 오늘보다 더 나은 삶을 살아가기 위한 것입니다.

그렇다면 공부하는 방식도 이전 절에서 설명한 것과 같은 과정과 절차를 따른다고 생각할 수 있습니다.

이전 절에서 다룬 날씨를 구별하는 방법을 통해 도출한 지혜로워지는 과정을 공부에 적용하면, 어떤 관계가 형성되는지 확인해 봅시다.

3단계로 정리해 보자

여기서 공부를 요리에 비유해 보겠습니다.

요리는 먼저 채소나 고기 같은 식재료를 준비하고, 그것을 자르거나 끓이거나 굽는 등의 과정을 거쳐 최종적인 요리가 완성됩니다.

즉, 간단히 표현하면 ①재료 준비, ②조리 과정, ③요리 완성이라는 세 가지 단계로 이루어집니다.

조리

식재료   요리

　이 내용을 공부할 때 문제를 푸는 과정에 적용해 보면, 이미 알고 있는 지식이나 새롭게 얻은 정보(재료)를 가공하여 어떤 결과(문제의 답)를 도출하는 관계가 됩니다.

　즉, 어떤 재료를 모으고 → 그것을 가공하여 → 새로운 결과를 얻는다는 세 가지 단계는 요리뿐만 아니라 문제를 푸는 과정에서도 똑같이 적용할 수 있습니다.

　여기서 요리에서의 식재료가 문제 풀이에서는 이미 알고 있는 지식이나 모은 정보에 해당한다는 점은 쉽게 이해할 수 있을 것입니다. 그렇다면 요리에서의 가공이나 조리는 문제를 풀 때 무엇에 해당할까요?

　문제를 풀 때 우리는 생각하는 행위를 합니다.

　즉, 요리에서의 가공 과정에 해당하는 것은 문제를 해결하는 과정에서 생각하는 것입니다.

공부를 하거나 문제를 풀고 있을 때, 요리와 마찬가지로 **이미 가지고 있는 지식이나 조사한 정보를 '생각(= 사고)'이라는 형태로 가공하여, 새로운 지식이나 정보를 창출하는 과정을 거치게 되는 것입니다.**

그렇다면 지식과 사고라는 과정을 통해 '공부란 무엇인가'에 대해 다시 한 번 깊이 생각해 봅시다.

> **Q** '공부를 통해 직접 얻을 수 있는 것은 무엇인가요?'
> 라고 질문을 받으면 어떻게 답할까요?

많은 사람이 지식이라고 답할 것이라고 생각됩니다. 또한 학교도 친구를 사귀거나 스포츠를 하는 등의 활동을 제외하고 교과의 영역에 한정한다면 지식을 얻는 곳이라고 말해지는 경우가 많을 것입니다.

그러나 '공부 = 지식'이라는 인식에는 한 가지 중요한 요소가 빠져 있습니다.

앞에서 이야기했듯이, 지식과 사고를 통해 또 새로운 지식이 생겨나면서 점점 더 지혜로워진다는 공식이 있습니다. 즉, '공부 = 지식'이라는 공식에서는 '생각하는 것 = 사고'라는 요소가 빠져 있습니다. 요리에 비유하자면, 요리를 해서 얻을 수 있는 것은 요리 자체뿐만 아니라 요리하는 방법도 포함된다는 것입니다.

이것을 지금까지 이야기해 온 개념, 특히 구체와 추상의 피라미드와 연결지어 생각해 봅시다.

구체와 추상의 피라미드는 인간이 지금까지 지혜를 쌓아온 과정과 밀접하게 연결되어 있습니다.

하나의 지식을 추상화하고, 다시 구체화함으로써 새로운 지식이 탄생한다는 개념을 보면, 지식이 증가한다는 것은 피라미드에서 수평 방향으로 넓어지는 것이고, 생각한다는 것은 수직 방향의 움직임을 의미합니다.

즉, 인간이 더 지혜로워지고 다양한 지식과 지혜를 쌓아가기 위해서는 **수평 방향인 지식의 확장과, 그것을 새롭게 만들어내는 수직 방향인 사고의 확장이 모두 필요하다**는 뜻입니다.

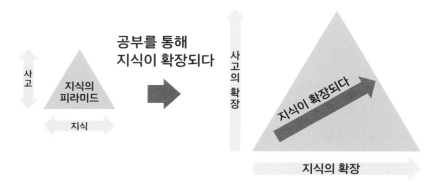

지금까지의 공부에서는 수평적인 지식 확장은 의식했을지 몰라도, 수직적인 사고 확장은 의식하지 않았을 가능성이 큽니다. 수평 방향의 지식을 늘려가는 것은 쉽게 말하면 암기를 중심으로 한 공부라고 할 수 있습니다.

예를 들어, 한자나 영어 단어, 혹은 역사적인 연도와 고유 명사를 외우는 것이 대표적인 예입니다.

그렇다면 수직 방향의 공부는 어떤 것이 해당할까요?

대표적인 것이 수학입니다. 예를 들어, 숫자라는 개념은 추상화에서 탄생한 대표적인 것입니다.

5라는 숫자는 사자 5마리, 메뚜기 5마리, 토마토 5개, 의자 5개처럼 서로 다른 것들을 하나의 개념으로 묶어 표현하는 것입니다. 이는 어떤 것이든 5개가 있다는 상태를 나타내며, 이를 통해 응용력을 키울 수 있습니다.

즉, 숫자 5를 다루는 것은 추상화와 구체화를 반복하는 수직적인 사고 훈련과 같습니다.

또한, 수학의 상징적인 개념인 방정식에서 등장하는 x나 y와 같은 기호, 그리고 직선이나 삼각형과 같은 도형도 추상 개념의 대표적인 예입니다.

수학은 이러한 추상 개념을 다루는 학문이며, 여기에서도 주로 추상화와 구체화라는 수직 운동을 끊임없이 수행해야 합니다.

결국, 공부는 흔히 말하는 지식의 축적이라는 수평 운동만이 아니라, 추상화와 구체화라는 수직 운동도 함께 고려해야 합니다.

이와 관련하여 177페이지의 '물고기를 줄 것인가, 낚는 법을 가르칠 것인가?'를 참고하면 더욱 이해하기 쉬울 것입니다.

'생각하기' 위한 Why와 How

'생각한다'는 것은 무엇인지 구체와 추상과 연결해 이야기해 봅시다.

5W1H라는 말을 들어본 적이 있습니까? 이는 영어의 의문사인 다음 여섯 가지를 한데 묶은 표현입니다.

- Why(왜?)
- What(무엇이? 무엇을?)
- Who(누가?)
- When(언제?)
- Where(어디서?)
- How(어떻게?)

한국어에서도 사람에게 질문할 때 이 여섯 가지를 조합해 사용하는 경우가 많습니다. 그렇기에 이를 한 번에 표현할 수 있는 편리한 개념이라 할 수 있습니다. 언뜻 보면 이 여섯 가지 의문사가 모두 비슷해 보이지만, Why와 How 는 다른 네 가지와는 조금 차이가 있습니다.

예를 들어 생각해 봅시다.

여러분이 사회나 국사 수업에서 배우는 역사적 사건 중에서 유명한 위화도 회군을 떠올려 보십시오. 이는 1388년 고려의 장수 이성계가 요동 정벌을 앞두고 회군을 결정한 사건입니다. 하나의 역사적 사실이지만, 이 문장에서 표현된 내용을 분석해 보면 다음과 같이 정리할 수 있습니다.

- 1388년에 (When)
- 이성계가 (Who)
- 위화도에서 (Where)
- 회군했다 (What)

이것이 5W1H 중 4W로 표현된다는 것을 알 수 있습니다.

역사적 사건이나 여러분이 최근에 겪은 일을 이와 같은 방식으로 표현해 보세요. 아마도 이 네 가지 의문사만으로도 최소한의 정보를 전달할 수 있을 것입니다. 역사 시험에서도 이러한 내용을 빈칸 채우기 문제로 자주 출제하곤 합니다.

① (   ) 년에 이성계가 위화도에서 회군했다. **(When)**

    A. 1350   B. 1374   C. 1388   D. 1392

② 1388년에 (   ) 이(가) 위화도에서 회군했다. **(Who)**

    A. 우왕   B. 정몽주   C. 최영   D. 이성계

③ 1388년에 이성계가 (   ) 에서 회군을 결정했다. **(Where)**

    A. 개경   B. 위화도   C. 요동   D. 평향

④ 1388년에 이성계가 고려의 군대를 이끌고 (   ) 했다. **(What)**

    A. 정벌   B. 회군   C. 전투   D. 항복

①부터 ④까지의 문제에는 몇 가지 공통점이 있습니다.

- 빈칸 채우기 문제로 만들 수 있다 .
- 정답과 오답이 명확하다.
- 명사 한 단어로 간단히 선택지를 표현할 수 있다.

그러나 왜(Why)와 어떻게(How)에 대한 질문은 이런 방식이 통하지 않습니다. 우선 왜(Why)에 대해 생각해 봅시다.

'왜 1388년에 이성계는 위화도에서 회군을 했는가?'라는 질문은 빈칸 채우기 문제로 만들 수 없습니다. 원래 문장에 "왜 … 했는가?"라는 형태의 의문문이 추가된 것이기 때문입니다.

더욱이, 이 질문에 대한 답변은 반드시 하나의 사실로 정해져 있는 것이 아니라 여러 가지 해석이 가능하므로 정답이나 오답이 명확하지 않으며, 단순히 명사 한 단어로 답할 수도 없습니다.

어떻게(How)에 대해서도 같은 원리가 적용됩니다.

'어떻게 1388년에 이성계가 위화도에서 회군을 했는가?'라는 질문 역시 빈칸 채우기 문제로 만들 수 없으며, 원래 문장에 '어떻게 … 했는가?'라는 형태의 의문문이 추가된 것입니다.

이 질문에 대한 답변은 수많은 사실을 종합하여 설명해야 하므로 단 하나의 정답이 존재하지 않으며, 따라서 오답도 없고, 당연히 명사 한 단어로 답할 수도 없습니다.

'생각하기' 위한 의문사

왜(Why)와 어떻게(How)는 나머지 네 가지 W(언제, 어디서, 누가, 무엇을)로 표현된 사실을 기반으로 삼아 다양한 것을 생각하기 위한 의문사라고 할 수 있습니다. 그래서 문제로 만들면 객관식이 아니라 서술형 문제가 됩니다.

이것이 무슨 의미일까요?

여기에서 언제(When), 어디서(Where), 누가(Who), 무엇을(What)이라는 네 가지 W와 왜(Why), 어떻게(How)의 차이가 드러납니다. 한마디로 표현하면, 네 가지 W가 점이라면 Why와 How는 그것들을 연결하는 선이라고 할 수 있습니다. 여기에서 말하는 선이란 두 개 이상의 요소 사이의 관계를 의미합니다.

예를 들어, 왜(Why)는 수단과 목적(무엇을 위해 필요한가?)을 연결하는 것이며, 어떻게(How)는 반대로 목적과 수단(어떻게 실현할 것인가?)을 연결하는 것이라고 할 수 있습니다.

여기에서 수단과 목적의 관계는 보이는 것과 보이지 않는 것의 관계이기도 하며, 하나의 목적에 대해 여러 가지 수단이 존재한다는 점에서 구체와 추상의 관계와 유사합니다. 그러므로 구체를 추상화하는 의문사가 왜(Why)이며, 추상을 구체화하는 의문사가 어떻게(How)라고 볼 수도 있습니다.(도

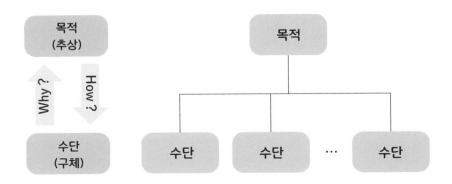

표 참고)

　이제까지의 내용을 정리하면, 5W1H 중에서 '언제', '어디서', '누가', '무엇을'이라는 4W와 '왜', '어떻게'는 명확하게 성격이 다르며, 다음과 같은 차이를 보입니다.

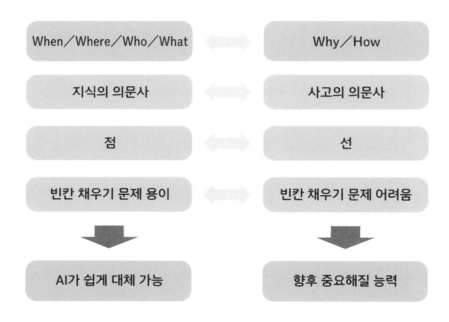

　빈칸 채우기 형식의 정답이 있는 지식은 가까운 미래에 AI가 완전히 대체하게 될 것입니다.

　이미 지식과 정보량을 기반으로 경쟁하는 영역에서는 인간보다 기계가 압도적인 강점을 발휘하고 있다는 것이 명확합니다. 즉, 앞으로 상대적으로 중요성이 더욱 커지는 것은 왜(Why)와 어떻게(How)라는 의문사를 사용하여 추상화와 구체화라는 사고력을 발휘하는 것이 될 것입니다.

단순히 교과서 수준의 지식으로서의 왜(Why)와 어떻게(How)라면, AI도 충분히 답할 수 있습니다. 하지만 '왜'와 '어떻게'는 나머지 네 가지 W와 비교했을 때, 정답의 폭과 깊이, 그리고 다양한 해석이 가능하다는 점에서 차원이 다릅니다.

또한, 정확한 정답이 없으므로 사고의 폭을 넓힐 수 있으며, 이 점에서 AI보다 인간이 당분간 더 뛰어나거나, 혹은 AI가 해결하는 것보다 더 흥미로운 문제가 될 가능성이 큽니다.

'Why'와 'How'를 상상해보기

많은 역사 전문가나 애호가들이 역사를 좋아하는 이유는, **정해진 정답이 없으며 무한한 가능성을 품고 있는 역사의 왜(Why)와 어떻게(How)에 매력을 느끼기 때문**이라고 할 수 있습니다.

역사에는 지식과 사고력이라는 두 가지 요소가 있습니다. 먼저, 역사적 사실을 지식으로 쌓아 가는 것은 기본적으로 중요한 과정입니다. 그러나 역사가 진정으로 흥미로워지는 순간은, 그러한 지식 위에서 '왜'와 '어떻게'라는 다양한 질문을 던지며 사고의 폭을 넓힐 때입니다.

단순히 사실만 외우고 거기서 멈춘다면, 역사의 진짜 재미를 놓치는 것이라고 역사 애호가들은 생각할 것입니다.

이 이야기는 역사에만 국한되지 않는다. 우리 주변의 모든 일상적인 문제에도 그대로 적용됩니다. 단순히 4W(언제, 어디서, 누가, 무엇을)에서 끝낼 것인가, 아니면 거기서 한 걸음 더 나아가 왜(Why)와 어떻게(How)를 고민할 것인가의 차이가 바로 본문의 핵심 주제인 추상화(Why)와 구체화(How)를 통한 사고의 재미라고 할 수 있습니다.

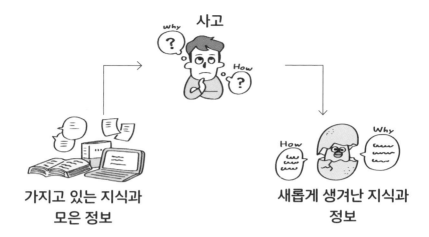

가지고 있는 지식과
모은 정보

새롭게 생겨난 지식과
정보

그렇다면 생각한다는 것은 무엇일까요?

이것은 앞서 이야기한 더 지혜로워지는 과정에 적용해 보면 쉽게 이해할 수 있습니다.

지식이나 경험을 한 번 추상화한 뒤, 그것을 다시 구체적인 상황에 적용하는 과정이 더 지혜로워지는 과정입니다.

생각한다는 것은 곧 추상화하거나 구체화하는 것을 의미합니다.

추상화의 대표적인 예는 '왜(Why)'라는 질문을 통해 이유나 목적을 묻는 것이며, 구체화의 대표적인 예는 '어떻게(How)'라는 질문을 통해 실현 방법을 묻는 것입니다.

이처럼, 생각한다는 것은 구체적인 것과 추상적인 것 사이를 오르락내리락하는 과정입니다.

다음 항목에서는 이 구체와 추상의 레벨 차이가 우리의 사고방식에 어떤 영향을 미치는지를 조금 다른 시각에서 살펴볼 것입니다.

'같다'와 '다르다'의 비밀

Q 다음의 A와 B, 10개의 그림 쌍은 각각 같은 것인가, 아니면 다른 것인가요?

먼저 ①번을 살펴봅시다. 인간과 화분에 심어진 식물이므로, 이를 같다고 말할 사람은 거의 없을 것입니다.

②번의 인간과 메뚜기도 마찬가지입니다. ③번의 말이나 ④번의 원숭이도 같은 논리로 구별할 수 있습니다.

그러나 ⑤번쯤 되면 이야기가 조금 달라집니다. 남성과 여성으로 구분하면 전혀 다르다고 할 수도 있지만, 최근 사회적 흐름에서는 기존의 불평등을 해소하기 위해 남녀를 동등하게 대우해야 한다는 의견이 강해지고 있습니다. 이 두 가지를 같다고 볼지, 다르다고 볼지는 사람마다 다를 수 있습니다.

⑥번을 봅시다. 명백히 좌우의 두 사람은 다른 사람이라고 할 수 있습니다. 하지만 조금 전까지 왼쪽 사람을 인간이나 남성이라고 불렀던 것을 떠올려 보면, 같다고 볼 수도 있습니다.

⑦번에서는 이번에는 좌우의 사람이 같은 사람처럼 보입니다. 하지만 왼쪽은 색이 채워진 그림이고, 오른쪽은 흑백 선으로만 그려진 그림이므로, 표현 방식의 차이로 인해 완전히 다르다고 볼 수도 있습니다. 색채를 전문적으로 다루는 디자이너들에게는 이 둘이 전혀 다른 것으로 인식될 수도 있습니다.

처음에는 같은지 다른지를 따지는 일이 간단하다고 생각했던 사람들도 점점 그 기준이 무엇인지 혼란을 느끼기 시작했을 것입니다.

더 나아가 봅시다. ⑧번과 ⑨번도 같은 사람을 다른 방식으로 표현했다는 점에서 ⑦번과 유사하며, 단순히 같다고 단정하기 어려운 사례입니다.

마지막 ⑩번에서는 이 두 개는 누가 봐도 완전히 동일하다고 생각하는 사람도 있을 것입니다. 하지만 다시 한번 생각해 봅시다. 좌우의 그림은 정말 같은 것이라고 할 수 있을까요?

이번에는 지금까지와는 조금 다른 시각에서 생각해 봅시다. 단순히 명칭의 차이뿐만 아니라, 이 그림들이 활용되는 방식까지 고려해 보면 어떨까요?

분명히 이 두 개의 그림은 외형적으로 완전히 동일하다고 볼 수 있습니다. 따라서 같은 것은 같은 것이라고 해석하는 것도 가능합니다.

하지만 중요한 문제는 **겉모습이 같다면 모든 것이 같은 것인가** 하는 점입니다.

예를 들어, 이 좌우의 그림은 겉으로 보기에 같아도 **사용 목적**이 다를 수 있습니다. 왼쪽 그림은 선택지 A로 사용된 그림이고, 오른쪽 그림은 선택지 B로 사용된 그림이라고 표현한다면, 이 둘을 같은 것이라고 할 수 없다는 사실을 알게 될 것입니다.

만약 인쇄 과정에서 왼쪽 그림 위에 작은 얼룩이 묻었다고 합시다. 이를 수정해야 하는 담당자로서는 왼쪽 그림 위인지 오른쪽 그림 위인지가 매우 중요한 문제가 될 것입니다.

'같다'고도 '다르다'고도 할 수 있다

지금까지 살펴본 것처럼, ⑤번부터 ⑩번까지의 쌍은 같다고 볼 수도 있지만, 시각에 따라 다르다고도 할 수 있는 사례였습니다.

그렇다면 다시 ①번부터 ④번까지, 처음에 문제없이 다르다고 생각했던 사례로 돌아가서 다시 생각해 봅시다. ①번의 인간과 화분을 놓고 보면, 이를 생물이라는 범주로 본다면 같다고 해석할 수도 있지 않을까요? 마찬가지로 ②번부터 ④번까지도 동물, 포유류, 영장류라는 기준으로 보면 같다고 볼 수도 있습니다.

결국, 지구상에 존재하는(혹은 지구 바깥, 우주의 어딘가에 있는) 두 개의 대상을 비교하고 "같은가? 다른가?"라고 질문하면, 모든 쌍은 같다고 할 수도 있고, 다르다고 할 수도 있다는 결론이 나옵니다.

그렇다면 이러한 정답의 차이는 어디에서 비롯되는 것일까요?

주목해야 할 점은 ①번부터 ⑩번까지의 쌍에서, 왼쪽 그림의 표현 방식이 짝을 이루는 상대에 따라 변화하고 있다는 것입니다. 처음에는 인간이라고 표현했던 것이, '남성'이 되고, '수염 없음', '색이 있음', '컬러', '크다', 'A 선택지'로 점점 달라지고 있다는 점입니다.

즉, 우리는 같은 대상을 보더라도 상황에 따라 표현 방식을 바꾸고 있는 것입니다.

언어에서의 표현이란, 그 대상이 어떤 그룹에 속해 있는가를 나타내는 것이지만, 그 표현은 구별하고자 하는 상대에 따라 변화하게 됩니다. 그리고 이 분류의 수준은 추상의 정도와 일치하게 됩니다.

오른쪽 위의 그림을 봅시다. 한 젊은이가 남성 → 인간 → 영장류 → 포유류 → 동물 → 생물이라는 식으로 분류의 범위를 넓혀가면서, 다양한 것들을 같다고 인식할 수 있게 되는 것, 이것이 바로 구체적인 것을 추상적인 것으로 변화시키는 추상화라는 개념입니다.

이를 피라미드 형태로 나타내면, 오른쪽 아래의 그림과 같은 구조가 됩니다(이 그림에서는 ⑦번부터 ⑩번까지의 선택지는 접근 방식이 다르므로 같은 방식으로 표현되지 않았다.).

여기에서 알 수 있는 점은, **추상적으로 생각할수록 '모든 것이 같다'고 보이게 되고, 구체적으로 관찰할수록 '모든 것이 다르다'고 보이게 된다**는 것입니다.

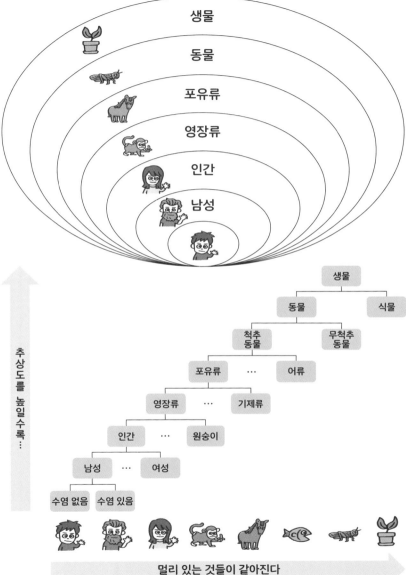

생물

동물

포유류

영장류

인간

남성

추상도를 높일수록…

생물

동물 · 식물

척추동물 · 무척추동물

포유류 · … · 어류

영장류 · … · 기제류

인간 · … · 원숭이

남성 · … · 여성

수염 없음 · 수염 있음

멀리 있는 것들이 같아진다

'책을 읽는 것'의
두 가지 의미

어른들에게서 "책을 읽어라"라는 말을 들어본 적이 있나요?

물론, 그들은 '책을 읽으면 삶에 유익하다'고 생각하기 때문에 그렇게 말하는 것입니다. 그렇다면 책을 읽으면 어떤 점이 우리에게 도움이 될까요?

독서의 목적 중 하나로 삶에 필요한 지적 능력을 기르기 위해서라는 이유를 들 수 있을 것입니다. 물론 독서를 통해 얻을 수 있는 다른 이점들도 많지만, 여기서는 이 점에 초점을 맞춰 이야기해 보겠습니다.

사실 독서에는 두 가지 중요한 방향성이 있습니다.

이것은 구체와 추상의 피라미드로 설명할 수 있으므로, 다음 페이지의 그림을 참고하면 이해가 쉬울 것입니다.

책을 읽는 의미는, 구체와 추상의 피라미드에서 수평 방향과 수직 방향을 확장하는 것과 관련이 있습니다.

우선 수평 방향의 의미는 간단합니다. "왜 책을 읽어야 하는가?"라는 질문에 대해 많은 사람이 "더 다양한 지식을 얻기 위해서"라고 답할 것입니다.

여기까지 읽어온 사람이라면, "책을 읽어라"라는 말에 대해 "지금은 스마트폰 시대니까, 책 같은 건 시대에 뒤떨어진 거다. SNS나 인터넷 기사가 훨씬

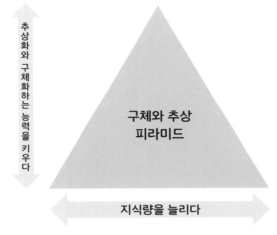

더 쉽고 빠르게 많은 정보를 수집할 수 있다"라는 반론이 반쯤은 맞고, 반쯤은 그렇지 않다는 것을 이해할 수 있을 것입니다.

확실히 수평 방향으로 지식을 늘리는 것만이 목적이라면, 이런 반론은 타당할지도 모릅니다. 하지만 SNS나 인터넷 기사만으로는 수직 방향으로 사고하는 능력, 즉 추상화 능력과 구체화 능력을 기르기가 어렵습니다.

이것은 구체와 추상의 피라미드에서 이러한 미디어들이 어디에 위치하는지를 생각해 보면 쉽게 이해할 수 있습니다.

우선, 젊은 세대의 주요 소통 수단이 된 SNS나 메신저 앱은 기본적으로 한마디 정도의 짧은 문장으로 이루어져 있으며, 한 문장 이상의 긴 글조차도 드뭅니다.

다음으로 인터넷 기사는 어떨까요? 대개 한두 개의 단락 수준에서 정리되어 있으며, 장 단위로 체계적으로 구성된 글은 많지 않습니다.

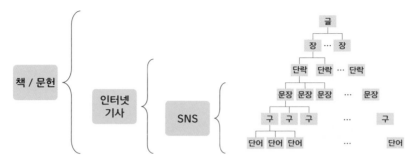

※도표에서 '책'이나 '단락'이라는 표현은, 그 전체를 하나로 정리하기 위해 필요한 추상화 수준을 의미한다고 이해하면 된다. 즉, 글의 분량이 늘어날수록 전체를 파악하기 위해 더 높은 수준의 추상화 능력이 필요하게 된다.

독서는 구체와 추상의 반복

　마지막으로 살펴볼 것은 책입니다. 책은 여러 단락이 모여 하나의 장을 이루고, 다시 여러 장이 쌓여 하나의 전체적인 구조를 형성하며 완성됩니다. SNS나 메신저 앱에서의 글자 수는 보통 몇 글자에서 수십 글자 수준이며, 인터넷 기사 역시 수백 자에서 수천 자 정도입니다. 반면, 한 권의 책은 일반적으로 수만 자 이상으로 구성됩니다.

　이렇게 되면 당연히, 전체적인 구성이나 흐름, 스토리, 메시지와 같은, 이 책에서 설명하는 추상도가 높은 요소들이 더욱 많이 요구될 수밖에 없습니다.

　즉, 책을 읽는다는 것은 자동적으로, **구체적으로 쓰인 방대한 묘사를 추상화하여 메시지를 해석하는 과정이며, 동시에 자신의 일상에 적용해 보는 구체화가 (의식적이든 무의식적이든) 수없이 반복되는 과정이라고 할 수 있습니다.**

여기서 말하는 책은 종이책뿐만 아니라 전자책도 포함되며, 더 나아가 형식적으로 책의 형태를 갖추지 않았더라도 온라인에서 제공되는 논문이나 긴 글도 해당합니다.

즉, 구성과 장의 구분이 존재하며, 서로 연관된 이야기나 추상도가 높은 메시지 같은 추상적인 요소를 포함하고 있는 글을 의미합니다. 또한, 당연한 이야기지만 일정 이상의 분량을 갖춘 글이라는 점도 중요합니다.

이처럼 **구체와 추상을 오가는 과정에서 필요한 추상화와 구체화를 단련하는 도구로서 책은 훌륭한 재료가 됩니다.**

AI의 비약적인 발전으로 인해 지식량을 늘리는 작업은 데이터베이스로서의 AI가 충분히 대체할 수 있는 시대가 되고 있습니다. 그러므로 오히려 인간이 해야 할 일은 수직적 사고를 통해 구체와 추상을 자유자재로 다루는 능력을 키우는 것으로 이동하고 있습니다.

이런 의미에서 볼 때, 정보의 상당 부분이 인터넷 뉴스로 대체된 지금도 책을 읽는 것의 중요성은 변하지 않으며, 오히려 더욱 높아지고 있다고 할 수 있습니다.

제2장의 요약

    제2장에서는 인간이 사고하는 방식, 특히 생각한다는 것의 의미와 방법을 구체와 추상의 개념을 적용하여 설명하였습니다.

    이를 통해 추상화와 구체화가 어떻게 연결되는지 시각적으로 이해할 수 있도록 관련 개념을 소개하였습니다.

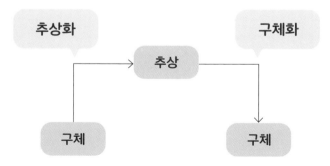

추상화는 구체적인 것을 추상적으로 바꾸는 것이며, 구체화는 반대로 추상적인 것을 구체적으로 만드는 과정입니다. 이러한 상하 운동을 일상생활에서 얼마나 효과적으로 활용할 수 있는지가 사고의 질을 결정하며, 나아가 효율적인 사고방식에 큰 영향을 미칩니다.

이 장에서는 사고력(=생각하는 힘)과 지식력(=얼마나 다양한 지식을 보유하고 있는가?)을 대비시키며, 각각의 특징을 명확히 하였습니다. 그동안 중요하게 여겨지고 학습의 중심이 되었던 지식력은 AI의 발전과 함께 그 역할이 점점 변화하고 있습니다. 그런 시대에서 더욱 중요성이 높아지는 사고력을 강화하기 위해서는 이러한 기본 원리를 이해하는 것이 필수적이라 할 수 있습니다.

구체와 추상에 대한 기초적인 설명과 핵심이 되는 세 가지 도표를 소개하는 과정은 일단락되었습니다.

여기서 말하는 '기초적'이라는 의미는 단순히 쉬운 내용을 다루었다는 뜻이 아니라, 그 위에 사고의 구조를 탄탄하게 쌓아 올리기 위한 기반을 단단히 다졌다는 의미입니다.

다음 장부터는 구체와 추상이라는 개념을 실제로 학습과 일상생활에서 어떻게 활용할 수 있을지 구체적으로 탐구해 나갈 것입니다.

제 3 장

구체와 추상을
공부에 어떻게
활용할 것인가?

◆

　학교에서 배우는 공부는 사회에 나가면 아무런 쓸모가 없다고 말하는 사람이 있습니다. 이것은 사실일까요?

　우리는 인생에서 몇 년이라는 소중한 시간을 원하든 원하지 않든 공부에 투자하게 됩니다. 그렇다면 어차피 해야 할 공부라면 이후의 삶에서도 도움이 되도록 활용하고 싶지 않습니까?

　이 장에서는 공부가 구체와 추상의 상하 운동을 훈련하는 과정이라는 점을 설명하고, 그것이 앞으로 어떻게 도움이 될 수 있는지 이야기하려고 합니다.

　학교 공부가 쓸모없는 것이 될지, 아니면 매일 유용한 것이 될지는 결국 구체와 추상이라는 사고방식을 이해하고 있느냐에 따라 결정됩니다.

　이와 관련하여, 여러 개의 구체적인 사례를 하나로 묶어 관계를 형성하는 추상의 시각도 함께 소개하고자 합니다.

　또한, AI 기술이 비약적으로 발전하면서 앞으로 학교와 교육의 형태 자체가 크게 변화할 가능성이 큽니다. 이러한 시대에 구체와 추상이라는 사고방식은 새로운 시대를 개척하고, 스스로 공부하는 방법을 다시금 고민하는 데 중요한 도구가 될 것입니다.

◆

왜 기출문제를
풀어야 할까?

여러분은 인생에서 언젠가 시험을 치르게 됩니다. 가장 가까운 예로는 중간고사, 기말고사, 혹은 수능시험이 있습니다. 이외에도 의사 국가시험과 같은 국가 자격 시험이 있으며, 언어 능력을 증명하는 시험도 다양한 형태로 존재합니다.

누구나 시험을 앞두고 하는 대표적인 대비 방법의 하나가 기출문제를 풀어 보거나 분석하는 것입니다. 특히, 전년도나 직전 회차의 기출문제를 전혀 보지 않고 본시험을 치르는 사람은 거의 없다고 해도 과언이 아닙니다. 즉, 기출문제를 푸는 것은 시험에 합격하기 위한 필수 과정이라고 할 수 있습니다.

그런데 조금만 깊이 생각해 보면, 이는 매우 흥미로운 현상입니다. 예를 들어, 입시 문제를 기준으로 보면, 작년에 출제된 문제가 그대로 다시 출제될 확률은 사실상 0에 가깝습니다. 그렇다면, 직전 회차의 기출문제는 어떤 의미에서는 세상에서 가장 다시 출제될 가능성이 낮은 문제라고도 할 수 있습니다.

그런데도 시험 준비 과정에서 거의 모든 사람이 기출문제를 풀고 분석하는 이유는 무엇일까요?

여러분이 기출문제를 풀면서 확인하는 요소들을 한 번 정리해 보세요.

기출문제를 통해 알 수 있는 것

가장 먼저 명확하게 다른 것은 문제 자체나 정답 자체입니다.

그렇다면 기출문제를 통해 우리가 알 수 있는 것은 무엇일까요?

첫 번째로 떠올릴 수 있는 것은 출제 경향과 대비책에서 말하는 출제 경향입니다. 그렇다면 이 출제 경향이란 정확히 무엇을 의미하는지 다시 한번 생각해 보겠습니다.

예를 들어, 다음과 같은 요소들이 이에 해당할 수 있습니다.

- 특정 범위에서 출제되는 문제가 많은지 적은지를 확인하는 '출제 범위'
- 객관식(마킹)인지 서술형인지, 서술형이라면 몇 글자 정도 요구되는지, 작문 시 자유도가 높은지, 제한이 있는지를 확인하는 '답안 형식'
- 주어진 시간에 비해 문제 수가 많은지 적은지, 제시된 지문의 분량 등을 고려하는 '문제의 양'
- 쉬운 문제에서 어려운 문제 순으로 배치되었는지, 반대로 어려운 문제에서 쉬운 문제 순으로 배치되었는지, 혹은 문제 순서와 난이도가 무관한지를 분석하는 '문제 배열과 구성'
- 여러 회차의 기출문제를 살펴보면서, 과거부터 현재까지 출제 경향이 어떻게 변화했는지(점점 어려워지는지, 회차별 난이도 차이가 있는지 없는지)를 확인하는 '출제 경향의 변화'……

기출문제를 통해 알 수 있는 출제 경향은 개별 문제 하나하나에 대한 것이 아니라, 그것들을 종합했을 때의 전체적인 균형과 관계성을 의미합니다. 이는 바로 이 책에서 이야기하는 추상화에 해당합니다.

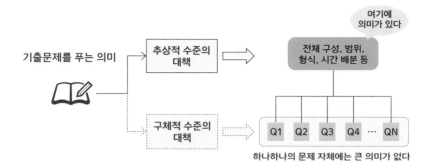

다른 방식으로 표현하면, 시험 대비란 **구체적인 수준(개별 문제를 풀 수 있는 능력)과 추상적인 수준(한정된 시간과 조건 속에서 어떻게 우선순위를 정하고 시간 배분을 효과적으로 할 것인가)이라는 두 가지 수준의 문제라고 할 수 있습니다.**

이렇게 생각해 보면, 시험에서 좋은 성적을 받는 전략적으로 학습하는 사람들의 특징이 자연스럽게 떠오를 것입니다. 이에 대해서는 이후 다른 주제에서 더 깊이 다뤄보겠습니다.

역사를 구체와 추상을 통해 배우기

앞의 내용을 통해 기출문제를 공부하는 의미를 이해한 여러분이라면, 기출 문제를 과거의 역사로 바꿔 생각해도 본질적으로 동일하다는 사실을 깨달았 을 것입니다. 늘 여기에서 더 배울 것이 없는지를 고민하는 것 자체도 구체 와 추상의 응용입니다.

"역사를 공부하는 것이 무슨 의미가 있는지 모르겠다. 그저 과거 이야기일 뿐 아닌가?"라고 말하는 사람들이 있습니다. 하지만 과연 그럴까요?

여기까지 읽어온 여러분이라면, 이러한 질문이 '절대 다시 출제되지 않을 작년 기출문제를 푸는 것이 무슨 의미가 있는가?'라는 의문과 동일하다는 것 을 이해할 수 있을 것입니다. 다시 말해, 역사는 인류의 기출문제라고도 할 수 있습니다.

역사를 배운다는 의미는 그것을 추상의 시각에서 흐름과 관계를 살펴보고, 그로부터 교훈을 얻어 현재와 미래에 적용하는 데 있습니다. 이는 기출문제 를 추상적인 시각에서 분석하는 것과 같은 원리입니다.

예를 들어, 1800년대 후반 대한제국의 고종 황제가 러시아 공사관으로 거처를 옮겼다는 구체적인 과거의 사실은 다시 반복될 수 없는 사건입니다.

그러나 국가 지도자의 갑작스러운 정치적 변화가 주변 국제 관계나 내부

권력 다툼에 어떤 영향을 미치느냐는 추상적인 시각에서 바라본다면, 이는 현대 정치뿐만 아니라 기업 경영에서도 적용될 수 있습니다. 심지어 학교에서 압도적인 리더가 갑자기 전학을 간다면, 이후 친구들 사이의 관계가 어떻게 변화할 것인지에도 응용해볼 수 있습니다.

이렇게 생각해 보면, 역사적 사건을 단순히 1896년 고종이 아관파천을 단행했다고 암기하는 것은, 기출문제를 공부하면서 2019년 기출문제의 23번 정답은 3번이라고 외우는 것과 다를 바 없습니다.

이것만으로는 이후의 삶에 거의 도움이 되지 않습니다. 이는 구체와 추상의 개념으로 보았을 때, 역사를 오직 구체적인 수준에서만 공부하기 때문입니다.

역사가 갑자기 재미있어지는 시각

그렇다면 추상적인 수준에서 역사를 공부한다는 것은 무엇을 의미할까요? 이를 구체와 추상의 관계에서 생각해 봅시다.

역사적 사건을 구체적으로 배우는 것과 추상적으로 배우는 것의 차이는 이미지 도표(위)와 비교 도표(아래)로 나타낼 수 있습니다.

차이를 하나씩 살펴봅시다. 모든 것이 구체와 추상의 응용이므로, 각각의 특징을 살린 접근 방식이 될 것입니다.

우선, 구체적인 것은 개별적으로 분리되어 있지만, 추상적인 것은 그것들을 묶어 정리한 것이라는 차이를 역사 공부에 적용하면, 과거의 사건을 개별적인 점으로 바라보는 것이 구체적인 시각입니다.

또한, 이러한 사건들을 여러 개 연결하여 선으로 이해하거나, 여러 개의 선을 조합하여 시간의 흐름과 공간적 확장(지역적 범위)을 고려한 면으로 바라보는 것이 추상적인 수준에서 역사를 탐구하는 방식입니다.

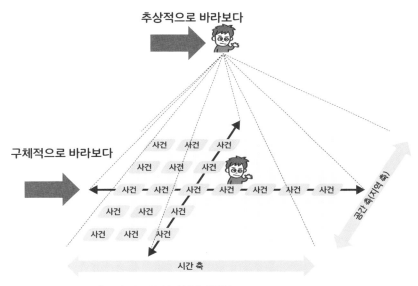

추상적으로 바라보다

구체적으로 바라보다

사건 사건 사건
사건 사건 사건
사건 ― 사건 ― 사건 ― 사건 ― 사건 ― 사건 ― 사건
사건 사건 사건
사건 사건 사건

공간 축(지역 축)

시간 축

※ 시간 축의 오른쪽, 즉 미래 측에도 사건이 존재하지만, 간략하게 표현하였다.

구체적 수준에서 역사를 보다

- 사건을 '점'으로 인식하다
- 미시적으로 바라보다
- 고유 명사와 연대를 외우다
- 개별적인 사건을 살펴보다
- 사건을 암기하다
- 과거의 사건으로서 학습하다

추상적 수준에서 역사를 보다

- 사건을 '선'과 '면'으로 인식하다
- 거시적으로 바라보다
- 전체적인 흐름을 파악하다
- 시대의 전후 관계로 이해하다
- 왜 그것이 발생했는지 생각하다
- 현재와 앞으로 어떻게 활용할 수 있을지 고민하다

보는 범위에도 차이가 있습니다. 좁은 시각에서 미시적인 수준으로 바라보는 것이 구체적인 접근이고, 넓은 시각에서 거시적인 시각으로 바라보는 것이 추상적인 접근입니다.

구체적인 수준에서 역사를 바라보면, 인물의 이름, 지역명, 각 사건의 연도를 암기하는 것에 중점을 두게 됩니다. 반면, 추상적인 수준에서는 이러한 요소들이 가지는 흐름과 연관성을 파악하는 데 집중하게 됩니다.

역사를 단순한 암기로 끝내지 않기

역사 공부를 단순히 인물과 지명, 연도를 외우는 것으로 끝내는 것은 너무 아까운 일입니다. 그것은 단지 출발점일 뿐이며, 오히려 그 이후가 더 중요합니다. 이 단계를 넘어설 때 비로소 역사 공부가 단순한 과거 이야기가 아닌, 현재와 미래에 적용할 수 있는 배움으로 변화하게 됩니다.

암기로만 끝내는 것은 요리에 비유하면, 힘들게 식재료를 구해 놓고 정작 요리를 하지 않은 채 모든 식재료를 상하게 만드는 것과 같습니다.

그렇다면 실제로 어떤 방식으로 역사적 사건을 추상화하여 배울 수 있을까요?

사회에 나가 일을 하거나 일상생활에서 문제를 해결하다 보면, 개별적으로 보면 각각 다른 문제처럼 보이지만, 이를 추상적으로 바라보면 결국 몇 가지 기본적인 문제들의 조합이라는 사실을 깨닫게 됩니다.

예를 들어,
- 새로운 것을 받아들여 변화를 우선할 것인가, 아니면 오랜 전통을 지키며 변화를 최소화할 것인가?

- 자신의 그룹 내부에서만 문제를 해결할 것인가, 아니면 다른 그룹까지 포함하여 열린 방식으로 해결할 것인가? 국가로 보면 이민을 받아들일 것인가의 문제이며, 기업의 경우 새로운 기술이나 제품을 자체적으로 개발할 것인가, 아니면 다른 기업과 협력하여 개발할 것인가?
- 이상을 우선할 것인가, 현실을 중시할 것인가?(직업을 선택할 때나 국가 안보 정책을 결정할 때 등)
- 조직의 운영 방침을 정할 때, 일부 인재가 중심이 되어 이끌도록 설계할 것인가, 아니면 한 사람도 소외되지 않도록 설계할 것인가?

이처럼 문제의 요소를 추상화해 나가면, 역사 속 사건에서 배울 점은 무궁무진하다는 것을 알 수 있습니다.

'과거와 현재는 상황이 다르므로, 예전 일을 쉽게 참고할 수 없다'라는 의견도 있을 것입니다. 하지만 이것도 대상을 구체적으로 보느냐, 추상적으로 보느냐의 차이에 불과합니다.

물론 과거에는 옷차림도 다르고, 스마트폰이나 비행기도 없었을 것입니다. 하지만 그것은 어디까지나 **구체적인 수준에서의 차이일 뿐, 추상적인 시각에서 보면 '구조는 같다'**고도 볼 수 있습니다. 그 이유는 인간의 기본적인 특성, 즉 죽음을 피하고 싶거나, 가족을 지키고 싶거나, 더 편하게 살고 싶다는 욕구는 백년이나 천년이 지나도 쉽게 변하지 않기 때문입니다.

역사에서 무엇을 배울 수 있는지는 이러한 두 가지 학습 방식을 얼마나 잘 활용하느냐에 달려 있습니다. 물론 '두 가지 학습 방식'은 각각 따로 존재하는 것이 아니라, 요리와 식재료의 관계처럼 서로 밀접하게 연결되어 있습니다.

다만, 학교에서의 역사 공부나 입시 공부에 한정해 보면, 방대한 암기량(즉,

구체적인 수준의 공부)에 압도되어, 추상적인 수준에서의 학습으로 이어가지 못한 채 사회인이 되는 경우가 많습니다. 많은 사람이 '역사 공부'를 곧 암기라고 생각하는 것도 이를 잘 보여줍니다.

운 좋게도 '암기의 폭풍' 속에서 '엄청난 양의 식재료'를 손에 넣은 여러분은, 그것을 냉장고에 방치해 상하게 할 것이 아니라, 잘 요리해서(즉, 추상화한 후 다시 구체화하는 방식으로 생각을 확장해) 맛있는 음식을 마음껏 즐기도록 해봅시다.

지루한 옛날이야기도 재미있어질 수 있을까?

여기까지 이해한 여러분이라면, 어른들이 들려주는 옛날이야기가 어떻게 하면 더 흥미로워질 수 있는지 알게 되었을 것입니다. '옛날이 좋았지'라든가 '그래서 요즘 젊은이들은 안 된다'라는 말을 듣고 지겨워하는 사람도 있을 것입니다. 이런 이야기를 단순히 구체적인 수준에서만 듣는다면, 그저 불평으로밖에 들리지 않을 것입니다.

하지만 이 책에서 다룬 것처럼, 들은 내용을 추상화해서 '이것이 다른 **어떤 이야기와 같은 구조로 되어 있는 것은 아닐까?'라고 생각해 본다**면 어떨까요?

그렇게 하면 어른들의 옛날이야기는 단순한 푸념이 아니라, 여러분에게 소중한 자산이 될 인생의 과거 문제로 활용될 수 있습니다.

전략적으로 학습하는 사람은 먼저 전체적인 전략을 세운다

99페이지에서 시험 문제의 기출문제를 대비하는 방법에도 구체적인 접근과 추상적인 접근이 있으며, 전체적인 흐름을 파악하고 전략을 세우는 것이 요령의 핵심이라는 점을 이야기했습니다. 이 개념은 현재의 생활뿐만 아니라, 대학생이나 사회인이 된 이후에도 다양한 상황에서 도움이 될 수 있다는 점을 설명하고자 합니다.

시험 대비에서 시작된 구체와 추상의 '2층 구조' 접근법이 무엇이 다른지 정리해 봅시다. 두 가지 시각의 차이는 다음 페이지의 그림을 통해 확인할 수 있습니다. 시험으로 예를 들면, 개별 문제를 하나하나 푸는 것이 아래층에 해당하는 구체적인 접근이며, 그 문제들을 어떻게 대비하고 전략을 세울지 고민하는 것이 위층의 추상적인 접근입니다.

앞서 시험 문제의 예시에서는, 개별 문제를 시간제한 없이 해결할 수 있는 능력이 구체적인 접근에 해당했습니다. 반면, 제한된 시간 안에서 문제의 난이도와 소요 시간을 고려하여 우선순위와 시간 배분을 결정하는 것이 추상적인 접근이었습니다.

이제 개별 문제를 푼다고 해서 전체적인 성과가 반드시 좋아지는 것은 아니라는 교훈을 시험 문제 외의 상황에도 적용해 보는 것이 이번 주제의 핵

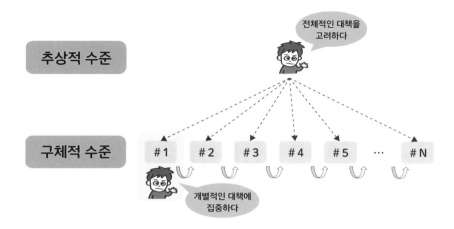

심입니다.

스포츠에서도 전체적인 전략이 필요

이제 스포츠에서도 같은 개념을 적용해 봅시다.

구체적인 수준에서는 개별 경기 하나하나가 해당하고, 추상적인 수준에서는 그것들이 모여 만들어지는 종합 성적과 같은 것이 해당합니다.

기본적으로 개별 경기에서 강한 선수나 팀은 종합 성적에서도 우수한 경우가 많습니다. 그러나 항상 그런 것은 아닙니다. 특히, 제한된 시간 안에 여러 경기를 치러야 하는 경우에는 우선순위를 고려하고, 전략적으로 힘을 분배하여 중요한 경기에서 최대한의 성과를 내는 것이 필요합니다.

야구를 예로 들면, 단기간 몇 경기를 치르는 토너먼트 방식의 대회가 이에 해당합니다. 축구의 경우 월드컵처럼 예선 리그와 결승 토너먼트가 짧은 기간 내에 진행되는 방식이 이에 해당합니다.

이런 경우, 반드시 최상의 멤버를 매 경기 투입할 수는 없으므로, 전체적인 전략을 세울 때 이를 미리 고려해야 합니다. 이는 시험에서의 추상적인 수준의 전략 수립과 같은 개념입니다.

이처럼 개별 경기에서는 약한 팀이더라도 종합 점수나 최종 결과에서 더 나은 성적을 거둘 가능성이 존재합니다. 이것이 바로 추상적인 수준에서의 전략이 중요한 이유입니다.

구체적인 개별 경기와 전체적인 전략적 접근에서는 주목하는 대상과 실행 방식이 다릅니다. 이를 비교한 것이 다음 표입니다.

구체적 수준	추상적 수준
• 하나하나 개별적으로 접근 • 다른 것에는 신경 쓰지 않음 • 눈앞의 것에 온 힘을 집중 • 처음부터 끝까지 모두 수행	• 전체를 하나로 정리 • 다른 요소들과의 연결성과 관계를 고려 • 우선순위를 정하고 속도 조절 • 선택한 것만 수행

구체적인 개별 대책뿐만 아니라, 추상적인 수준에서 종합적인 전략이 중요한 사례로는 다음과 같은 것들이 있습니다.

· 바둑이나 장기 같은 대전형 게임에서의 N번 승부(몇 번째 대국에서 자신이 유리한 전략을 사용할 것인지 등)
· 전투나 전쟁(어느 전장에 얼마나 많은 병력과 무기를 투입할 것인지)

추상적인 수준에서 사고한다는 것은 전체적인 균형을 고려하여 우선순위를 정하는 것이며, 개별적인 대결에서는 상대를 이기기 어렵더라도 최종적인 종합 성적에서 앞서기 위한 방법이라고 할 수 있습니다.

스포츠의 경우, 이러한 전략을 총괄하는 역할이 바로 감독입니다. **같은 전술을 사용하면서 개별 선수의 능력으로 상대를 압도할 수 없을 때, 추상적인 수준에서의 전략적 역량이 승부를 결정짓는 요소**입니다.

더 넓게 생각해 보면, 사회에서도 '어디에서 싸울 것인가'를 추상적인 수준에서 결정한 후, 경기나 경쟁의 장에서 '어떻게 이길 것인가'를 고민하는 두 단계가 존재합니다.

먼저 결정해야 하는 것은 '어디에서 싸울 것인가'이며, 그다음에 '어떻게 승리할 것인가'가 따라오는 것입니다. 대부분 '어떻게 이길 것인가'에만 집중하다가 '어디에서 싸울 것인가'를 소홀히 하는 경우가 많지만, 어떤 경기든 이길 가능성이 높은 싸움을 선택하는 것이 예상보다 훨씬 중요한 역할을 차지합니다.

인생 설계에도 활용할 수 있다

이 이야기를 더 발전시켜 보면, 미래에 '어느 지역의 어느 학교에 갈 것인지(혹은 가지 않을 것인지)', '그 지역이나 학교에서 어떤 방식으로 공부할 것인지', '어떤 직업을 가질 것인지, 어떤 산업의 어느 회사에서 일할 것인지', '취업한 직장에서 어떻게 좋은 성과를 낼 것인지'와 같은 선택의 문제에도 적용할 수 있습니다.

의외로 '어떤 진로를 선택할 것인가'하는 중요한 결정(예: 어느 지역에서 살 것인가 등)을 깊이 고민하지 않고, 다른 사람들과 같은 길을 따라가는 사람이 많지 않을까요? 추상적인 시각에서 사고하는 것은 이러한 미래의 인생 설계를 고민할 때도 유용하게 작용합니다.

또 다른 시각에서 보면, 구체적인 수준에서는 '모든 부분에서 승리를 목표로 하는 것'이 필요하지만, 추상적인 수준에서는 '어떻게 하면 효율적으로 힘을 분배할 것인가?' 하는 우선순위의 문제가 등장합니다.

즉, '버릴 문제나 포기할 선택지를 어떻게 판별할 것인가?'하는 시각이 추상적인 사고의 단계에서는 필수적으로 요구된다는 것입니다.

뷔페에서 스마트하게 음식을 담는 방법

더 가까운 예를 하나 들어보겠습니다.

뷔페식 레스토랑에서 한 줄로 서서 트레이에 차례대로 음식을 담아가는 경험이 있나요?

이럴 때, 눈앞에 보이는 음식들이 맛있어 보여서 무작정 집어넣다 보면, 나중에는 트레이에 공간이 부족해지거나, 반대로 '앞으로 더 맛있는 음식이 나올지도 몰라'라고 고민하며 지나쳤다가, 마지막에 디저트 코너에서 허둥지둥 다시 줄을 서는 경우가 있을지도 모릅니다.

이러한 경험은 시험 문제를 푸는 순서나 시간 배분을 잘못한 경우와 매우 비슷한 구조로 되어 있습니다.

처음에 전체적으로 어떤 음식이 있는지 살펴보고, 그에 맞춰 전략을 세운 후에 줄의 맨 끝에 서면, 처음부터 시간과 배분을 고려할 수 있어 중간에 우왕좌왕하는 일이 줄어듭니다.

고기구이 전문점에서 밥과 고기의 페이스 조절을 잘못해서 밥을 먼저 다 먹어 버리거나, 반찬을 먹는 순서와 속도를 조절하지 못하는 경우도 비슷한 맥락에서 볼 수 있습니다.

　추상적인 수준에서 생각한다는 것은 전체적인 흐름을 보고 순서와 균형을 고려하는 것이며, 제한된 시간을 효과적으로 활용하는 데 필요한 사고방식입니다.

왜 x나 y 같은 걸로 어렵게 만드는 걸까?

이제 구체와 추상이 학교에서 배우는 과목과 어떤 관계가 있는지 생각해 봅시다.

그중에서도 추상이라는 개념이 가장 잘 맞는 과목인 수학을 살펴보겠습니다.

중·고등학교 수학과 초등학교 수학의 차이 중 하나는 중·고등학교의 수학에서는 x나 y 같은 문자를 사용해 수식을 표현한다는 점입니다.

초등학교 때 배우는 거북이와 토끼 문제나 여행자 문제에서 시작해, 중학교에서는 방정식이라는 형태로 x와 y가 자주 등장하며, 고등학교에 가면 수학은 x와 y로 가득 차게 됩니다.

x나 y처럼 일상에서 보지 않는 것들이 나오면서 도대체 무슨 말인지 몰라 수학을 싫어하게 되거나, 수업을 따라가지 못한 경험이 있는 사람도 많을 것입니다.

다른 과목과 비교해 보면, 역사나 지리는 어른들의 대화나 뉴스에서도 매일 등장합니다.

영어와 국어 같은 언어 과목은 의사소통을 위해 필요하다는 것을 쉽게 이해할 수 있습니다.

물리, 화학, 생물 같은 과학 과목도 사회 과목보다는 접할 기회가 적을 수 있지만, 뉴스에서 관련된 이야기를 접할 때가 있습니다.

하지만 x와 y는 학교를 졸업하면 가족이나 친구들과의 대화에서도 나오지 않고, TV나 인터넷에서도 거의 볼 일이 없다고 해도 과언이 아닙니다.

추상화를 극대화한 학문 = 수학

수학은 한 번 이해하지 못하면 이후에도 계속 어려워지는 특성이 있습니다.

지리나 역사라면 한국 지리나 한국사를 배우는 동안 전혀 집중하지 않았더라도, 이후 세계 지리나 세계사를 공부하면서 따라잡을 수 있습니다.

생물처럼 지식을 축적하는 과목에서도 비슷한 경우가 많아, 단원을 따로따로 학습해도 충분히 이해할 수 있습니다.

이는 지식을 확장하는 수평의 세계라고 할 수 있습니다.

하지만 수학이 다른 과목과 다른 이유는 추상의 단계를 하나씩 밟아 올라가는 수직의 세계이기 때문에, 한 번 막히면 이후의 학습이 어려워지기 때문입니다.

이제 다시 본론으로 돌아가 x와 y에 대해 이야기해 봅시다.

추상화란, 예를 들어 어제 근처 슈퍼에서 산 거봉과 지난주에 친척이 보내준 캠벨 포도를 포도라는 한 단어로 묶어 표현하는 것입니다.

더 나아가 사과와 귤, 수박, 멜론을 과일로 묶고, 이를 다시 채소나 고기와 함께 음식으로 분류할 수 있습니다.

그리고 물이나 의류까지 포함해 생활필수품이라고 할 수도 있으며, 궁극적

으로는 물건이나 물질이라는 개념으로 확장할 수도 있습니다.

이렇게 추상화를 반복하다 보면, 지구상의 (혹은 우주까지 포함한) 모든 것을 단 하나의 개념으로 정리할 수 있게 됩니다.

여기서 수학에서 등장하는 $y = 2x$ 같은 수식을 생각해 봅시다.

이 식은 y라는 값이 x의 두 배라는 관계를 나타내며, 여기서 x와 y는 사과든 책이든 어떤 대상에도 적용할 수 있는 기호가 됩니다.

즉, 수학은 궁극적인 추상화를 이루고 있습니다.

다소 역설적이지만, **'겉보기에는 아무 쓸모 없어 보이는 기호를 사용함으로써, 결국 어디에서든 활용할 수 있게 된다'는 것이 수학의 강력한 힘**입니다.

바로 이것이 추상화를 극대화한 학문으로서의 수학이 가진 의미입니다.

동물과 인간의 표현력 차이

그런데도 여전히 '왜 굳이 x나 y 같은 딱딱한 기호를 써야 할까?'라고 의문을 가질 수도 있습니다.

이를 이해하기 위해, 추상화에 익숙하지 않은 동물의 관점에서 인간이 사용하는 언어가 어떻게 보일지 생각해 보는 사고 실험을 해봅시다.

앞에서 언급한 사과의 예를 보면, 어제 먹은 사과와 지난주에 먹은 사과는 구체적인 세계에서 살아가는 동물의 시각으로 보면 완전히 다른 것처럼 보일지도 모릅니다.

만약 동물들이 사물 하나하나를 개별적으로만 인식한다면, 그들에게는 사과라는 단어 자체가 너무 추상적이고 모호한 개념처럼 느껴질 수 있습니다.

그렇다면 '사과라는 단어를 굳이 사용하는 이유가 뭐야?'라고 의문을 품는 것도 이상한 일이 아닐 것입니다. 동물의 입장에서는 개별적인 사과들을 전부 똑같이 부르는 것이 오히려 불편할 수도 있기 때문입니다.

그렇다면 이러한 동물의 시각에 대해 어떻게 반론할 수 있을까요?

예를 들어, 사과라는 말을 쓰지 않는다면, '어제 먹은 그거', '방금 냉장고에서 꺼낸 이것' 등 '모든 것을 따로따로 설명해야 해서 너무 번거롭지 않을까?'라거나, '사과라는 단어를 사용하면 과거에 먹은 사과뿐만 아니라, '내일 다같이 사러 가자'처럼 미래에 대한 이야기도 할 수 있다는 식으로 사과라는 개념의 중요성을 설명할 수 있을 것입니다.

여기에서 사과를 x나 y로 바꿔서 추상화 단계를 한층 올려보면, 이것이 곧 사과가 아니라 x로 표현하는 것의 의미와 같아집니다.

즉, 동물과 인간의 표현력 차이가 곧 눈에 보이는 구체적인 개념(사과)으로 이야기하는 사람과 x나 y 같은 기호로 이야기하는 사람의 표현력 차이로 연

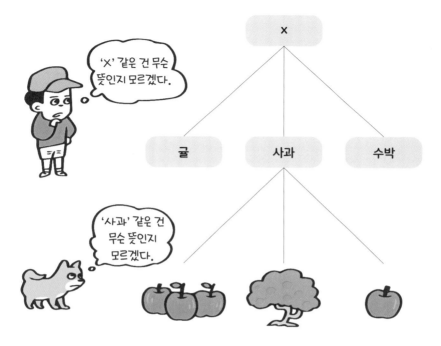

결되는 것입니다.(그림 참조)

우리의 학습 과정은 초등학교 → 중학교 → 고등학교 → 대학교로 올라갈수록 점점 난이도가 높아집니다.

그런데 그 과정에서 한 단계씩 올라갈 때마다 학습 내용의 추상화 수준도 함께 높아진다는 점을 알 수 있습니다.

즉, 학습 내용이 추상화됨으로써 우리가 **배우는 지식의 응용 범위가 압도적으로 확장된**다는 뜻입니다.

예를 들어, x나 y(전 세계적으로 사용되는 알파벳)를 사용함으로써 전 세계 사람들과 소통할 수 있습니다.

수학자들은 언어의 장벽이 있더라도 수식을 통해 어느 정도 의사소통이

가능합니다.

이러한 추상화 수준의 차이는 과목 간에도 존재합니다.

구체와 추상의 피라미드 개념에서 보면, 수평으로 확장되는 요소가 강한 과목이 있는 반면, 수직으로 발전하는 요소가 강한 과목도 있습니다.

또한 학습이 진행될수록 학습해야 할 지식의 양(수평 방향)이 늘어나면서 동시에 추상화 수준(수직 방향)도 변화하게 됩니다.

고등학교와 대학교의 차이를 **'수학은 철학으로, 물리는 수학으로, 화학은 물리로, 생물은 화학으로 바뀐다'라고 표현하는 사람도 있습니다.**

이 역시 추상화 수준의 차이로 볼 수 있습니다.

학문을 깊이 탐구하는 것은 결국 추상화 수준을 높이는 과정이라고 생각하면, 학문의 세계도 지금과는 다르게 보일 것입니다.

문법을 먼저 익혀야 할까, 말하기를 먼저 해야 할까?

구체와 추상이 학교에서 배우는 과목과 어떻게 연결되는지 계속해서 살펴봅시다.

수학 다음으로, 국어와 영어 같은 언어 과목을 생각해 보세요.

외국어인 영어 또는 한문, 고전 문학처럼 새로운 언어를 배울 때, 여러분은 어떤 방식으로 학습하나요? 대부분 단어를 먼저 외우고, 그다음 문법을 배우는 것이 일반적인 순서일 것입니다.

하지만 우리가 일상적으로 사용하는 한국어는 유치원이나 어린이집에 들어가기 전부터 자연스럽게 말할 수 있게 됩니다. 물론 단어는 부모님이나 가족에게 "이게 뭐야?"라고 물으며 하나씩 배워가지만, 문법은 어떨까요?

외국어를 배울 때는 필수적이라고 여겨지는 문법을 어린아이가 따로 공부하는 경우는 거의 없습니다.

예를 들어, 한국어 문법에서 활용하는 동사 변형을 학습하는 어린아이는 없습니다.

'가다', '가고', '가면,' '갔다' 같은 변형은 자연스럽게 익히고 나중에 학교에서 문법적으로 정리하며 배웁니다.

예를 들어, 한국어를 배우려는 외국인 성인이 동사 변형을 암기하는 모습을 보면, 우리는 '그런 걸 외우지 않아도 말하면서 자연스럽게 익힐 수 있다' 고 생각할지도 모릅니다.

하지만 가만히 생각해 보면, 우리는 영어를 배울 때 그 반대의 방식을 따릅니다. S + V + O + C 같은 형태로 문장 구조를 배우지만, 이런 개념을 원어민 어린이가 알고 있는 것은 아닙니다.

이러한 학습 방식의 차이도 구체와 추상 개념을 활용하면 쉽게 정리할 수 있습니다.

일반적으로 문법은 여러 개의 예시에서 공통된 규칙을 찾아낸 것입니다.

즉, 문법이 추상적인 개념이라면, 우리가 사용하는 개별 문장은 구체적인 사례가 됩니다.

그렇게 생각해 보면, 학습 방식은 구체 → 추상의 순서를 따르는지(먼저 말을 익히는 모국어 유아 학습형) 혹은 추상 → 구체의 순서를 따르는지(문법을 먼저 배우고, 이를 개별적인 활용 사례에 적용하는 외국어 학습형) 이렇게 크게 두 가지 유형으로 나눌 수 있습니다(아래 그림 참고).

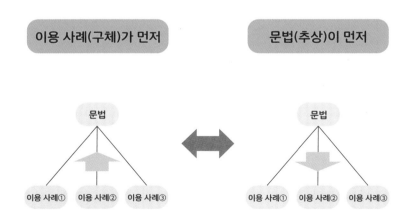

초등학교에서 중학교, 고등학교로 올라갈수록 학습 내용의 추상성이 높아지며, 어른이 될수록 점점 더 추상적인 개념을 다룰 수 있게 됩니다.

추상화를 통해 암기량을 줄일 수 있다

추상화는 하나의 규칙에서 많은 사례를 도출할 수 있기 때문에 암기해야 할 내용을 줄일 수 있습니다. 어른들은 암기량을 줄이기 위해 최대한 규칙을 활용해 효율적으로 습득하려고 합니다.

반대로, 어린이는 일반적으로 어른보다 기억력이 뛰어나지만, 추상적인 개념을 다루는 데 서툴기 때문에 구체적인 예시를 통해 학습하는 것이 더 유리합니다.

같은 한국어라도 일상 회화처럼 눈과 귀로 접할 기회가 많은 경우에는 문법을 나중에 배우는 것이 자연스럽습니다. 하지만 고전 문학이나 한문처럼 실생활에서 접할 기회가 거의 없는 경우에는 문법을 먼저 익히는 것이 더 효율적인 학습 방법이 됩니다.

여기에는 추상적으로 사고하는 것의 한계도 존재합니다.

한 번 추상의 세계를 경험한 사람은 그것이 놀라울 정도로 학습을 쉽게 만들어 준다는 사실을 깨닫기 때문에, 단순 암기를 비효율적이고 무의미하게 느끼게 됩니다.

이는 대체로 학습을 효율적으로 진행하는 데 긍정적인 요소지만, 반대로 단순 암기에 대한 거부감이 커질 수 있습니다.

예를 들어, **한자나 영어 단어처럼 기본적인 학습 요소는 결국 암기를 통해 익혀야 하는 경우도 있습니다.** 아직 추상화를 잘 활용하지 못하는 학습자라면, 오히려 이를 긍정적으로 받아들이고 일단 외우는 것에 집중하는 것도 하나의 방법이 될 수 있습니다.

'추상이 먼저인가, 구체가 먼저인가'는 학습할 때 중요한 시각이 됩니다.

언어 학습뿐만 아니라 다른 분야의 학습에서도 이를 어떻게 적용할 수 있을지, 장점과 단점을 함께 고려해 봅시다.

글쓰기도 대화도 입체적으로 사고하기

지금까지 구체와 추상의 예와 그 차이에 대해 이야기했지만, 이것이 여러분의 일상생활과 어떻게 연결되는지 아직 실감이 나지 않는 사람도 있을 것입니다.

공부하거나 책을 읽는 것처럼 특별한 상황에서만 이를 의식하면 된다고 생각할 수도 있습니다. 그러나 우리의 삶은 마치 공기처럼 구체와 추상이 둘러싸고 있습니다.

예를 들어, 대화를 나누거나 책을 읽고, SNS 메시지를 쓰거나, 숫자를 사용할 때 우리는 무의식적으로 구체와 추상을 활용하고 있습니다. 따라서 구체와 추상을 의식하기만 해도 일상생활 전체가 바뀔 수 있다고 해도 과장이 아닙니다.

그렇다고 해도, 공기처럼 항상 존재하는 것처럼 보이는 구체와 추상을 의식하며 생활하는 사람은 많지 않을 것입니다. 하지만 공기는 특별히 신경 쓰지 않아도 살아가는 데 문제가 없는 반면, 추상의 세계를 의식하느냐 마느냐에 따라 우리의 사고방식과 인식의 폭은 크게 달라집니다.

여기에서는 추상화의 대표적인 산물로서 말을 사용하는 것의 응용인 글쓰기와 대화에 대해 생각해 보겠습니다.

글과 대화는 기본적으로 단어를 연결하여 다른 사람과 소통하는 수단이라는 점에서 공통점을 가집니다.

이 중에서도 상대적으로 형태를 명확히 나타내기 쉬운 글쓰기를 중심으로, 어떻게 하면 구체와 추상의 차이를 더욱 명확하게 인식할 수 있을지 살펴보겠습니다.

입체적이라는 것은 무엇일까?

57페이지부터 다룬 구체와 추상은 고층 피라미드라는 개념에서, 구체와 추상의 관계가 고층 건물처럼 여러 층으로 이루어져 있으며, 위로 갈수록 점점 좁아지는 구조를 가진다고 설명한 바 있습니다.

사실 우리가 일상적으로 접하는 글 또한 피라미드처럼 입체적인 구조로 되어 있습니다.

여기에서 한 가지 의문이 들 수도 있습니다.

'교과서나 인터넷의 글은 평면적인 종이나 화면에 적혀 있는데, 어떻게 그것이 입체적일 수 있을까요?'

물리적으로 본다면, 글이 입체적이라면 마치 팝업북처럼 튀어나오는 형태여야 합니다.

그렇다면 서점이나 도서관에서 책을 깔끔하게 정리하는 것이 불가능해질 것입니다. 하지만 여기에서 말하는 입체적이라는 개념은 실제 형태가 아니라, 우리의 사고 속에서 작용하는 구조를 의미합니다.

글이나 대화를 입체적으로 이해하고 활용할 수 있게 되면, 남들에게 더욱 설득력 있고 이해하기 쉬운 방식으로 설명하거나 글을 쓸 수 있습니다.

입체적인 구조란, 글 속에서 구체적인 내용과 추상적인 개념 사이를 자유롭게 오가며 표현하는 방식을 뜻합니다.

글 속에서 이러한 역할을 하는 것이 바로 접속사나 문장을 연결하는 표현들입니다.

 Q 다음에 제시된 표현이 위로 올라가는(추상화) 표현인지, 아래로 내려가는(구체화) 표현인지 생각해보세요.

- 요컨대
- 예를 들어
- 한마디로 말하면
- 예를 들자면
- 구체적으로 말하면
- 정리하자면

이 내용은 비교적 간단할 것입니다. 그러나 한 가지 힌트를 드리겠습니다.

구체와 추상은 다음 페이지의 그림과 같은 피라미드 관계를 이루고 있습니다. 추상화란 여러 개의 요소를 하나로 묶는 것이며, 구체화란 하나의 개념에서 여러 가지 구체적인 사례를 도출하는 것입니다.

이렇게 생각하면, 앞서 제시한 질문의 답이 자연스럽게 나오겠지요.

구체화: '예를 들어', '예를 들자면', '구체적으로 말하면'
추상화: '요컨대', '한마디로 말하면', '정리하자면'

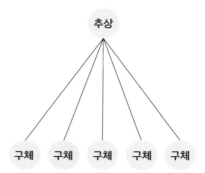

추상화는 여러 개의 항목에서 하나의 결론이나 요점을 도출하는 것으로, 복잡한 내용을 단순하게 만드는 역할을 합니다.

반면 구체화는 하나의 개념에서 여러 개의 구체적인 사례를 도출하는 과정입니다(때로는 단 하나의 예만 제시될 수도 있지만, 필요하다면 여러 개를 제시할 수도 있습니다.). 따라서 이러한 표현이 사용된 문장에서는 내용의 추상도가 올라가거나 내려가는 흐름이 생기게 됩니다.

이러한 원리를 이해하고 글을 읽으면, 평면적이고 단순하게 보였던 문장이 일정한 구조를 가진 입체적인 형태로 보이기 시작할 것입니다.

예를 들어, 학술 논문이나 논설문과 같은 글에서는, 아무리 긴 글이라도 필자가 전달하고자 하는 핵심 메시지는 일반적으로 추상도가 높은 짧은 문장으로 표현됩니다.

하지만 그 핵심 메시지를 효과적으로 전달하기 위해 필자는 다양한 구체적인 사례를 활용하여 독자가 이해할 수 있도록 돕습니다.

국어, 특히 장문 독해란, 처음엔 평면적이고 직선적인 문장처럼 보이는 글을 입체적으로 분석하는 과정이라고 볼 수 있습니다.

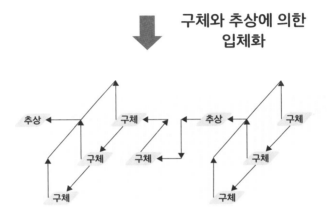

추상 ← 구체 ← 구체 ← 구체 ← 구체 ← 추상 ← 구체 ← 구체 ← 구체

평면적인 문장의 배열

구체와 추상에 의한 입체화

추상 구체 추상 구체
구체 구체 구체
구체 구체

입체적인 문장의 구조

글을 읽을 때, 마치 높낮이가 있는 길을 조깅하듯이 **'지금은 올라가고 있는 가, 아니면 내려가고 있는가?'를 의식하면서 읽으면, 문장의 구조가 훨씬 더 명확하게 보일 것입니다.**

이 개념은 단순히 글을 읽는 것에만 해당하는 것이 아닙니다. 일상 대화에서도 동일한 원리가 적용됩니다. 140페이지부터 시작되는 제4장에서는, 이러한 원리가 의사소통에서 어떻게 작용하는지를 더 구체적으로 다룰 것입니다.

속담은 왜 존재할까?

    계속해서 구체와 추상이 학교에서 배우는 내용과 어떻게 연결되는지 생각해 봅시다.

    여러분은 속담이라고 하면 무엇이 떠오릅니까?

'시간은 금이다.'
'급할수록 돌아가라.'
'공짜라면 양잿물도 마신다.'

국어 시간에 이런 속담을 수십 개, 어쩌면 100개 이상 외웠을 것입니다.
그렇다면 속담이란 무엇일까요?

누구나 일상생활에서 사용할 수 있는 교훈이 담겨 있다.
비교적 짧은 문장으로 표현된다.

이 두 가지 특징을 보면 무엇이 떠오릅니까?
그렇습니다. '누구나 사용할 수 있다', '짧고 간결하게 요약되어 있다'는 점은 구체와 추상에서 말하는 추상의 특징과 동일합니다.

즉, **속담이나 격언은 어떤 교훈을 추상적인 형태로 표현한 것입니다.**

예를 들어, '급할수록 돌아가라'라는 속담을 살펴봅시다.

이 속담은 원래 '바늘허리에 실 매어 쓸 수 없다'라는 옛말에서 유래한 것으로 알려져 있습니다.

아마도 이후 사람들이 이 말을 '급하게 서두를수록 실수를 하기 쉽고, 오히려 돌아가는 것이 더 확실한 방법이다'라는 교훈으로 바꿔, 지금까지 전해진 것일 것입니다.

이러한 속담의 형성 과정을 살펴보면 다음과 같이 표현할 수 있습니다.

선인들의 무수한 경험   미래를 위한 활용

이 구조는 지금까지 여러 번 언급된 내용과 동일합니다.

많은 경험을 바탕으로 교훈을 도출하고, 그것을 앞으로 일어날 일에 적용하는 과정이 바로 추상화와 구체화의 흐름인 것입니다.

이미 추상화된 표현으로, 마치 데이터베이스처럼 수많은 선조의 경험을 담고 있어 이를 공짜로 활용할 수 있다는 점이 특징입니다.

이 덕분에, **우리가 학습하는 과정에서 속담과 같은 데이터베이스를 활용하면 학습의 초반 단계를 훨씬 효율적으로 진행할 수 있습니다.**

다만, 속담에도 크게 두 가지 종류가 존재합니다.

 다음 두 그룹의 차이를 알 수 있나요?

<u>그룹①</u>
고생 끝에 낙이 온다.
급할수록 돌아가라.
병은 마음에서 온다.

<u>그룹②</u>
짝 잃은 원앙
서당 개 삼 년이면 풍월을 읊는다.
콩 심은 데 콩 나고, 팥 심은 데 팥 난다.

뭔가 다르다는 느낌은 들지만, 그 차이를 말로 설명하기 어려운 사람들을 위해 몇 가지 힌트를 제공합니다.

· 각각의 속담이 말하는 내용을 그대로 자기 생활에 적용할 수 있나요?

· 각각의 속담이 표현하는 상황을 직접 그림으로 그려서 표현할 수 있나요?

추가 힌트를 주자면,

· 그룹①과 그룹② 중, 어느 쪽이 더 구체적이고, 어느 쪽이 더 추상적으로 표현되었을까요?

보다 '실제 사물'에 가까운 표현이 그룹②의 단어들이라고 볼 수 있습니다. '원앙', '개', '콩·팥' 등의 표현은 직접 그림으로 그릴 수 있으며, 또한 자신과 직접적인 관련이 없는 사물을 가리킵니다.

즉, 이러한 표현들은 '구체적'인 의미를 담고 있습니다.

반면 그룹①의 단어들은 '희로애락', '마음가짐(성급함이나 손해 같은 개념)', '몸 상태(질병)' 등 인간의 정신적·신체적 상태를 나타내는 추상적인 표현이 됩니다.

지금까지 살펴본 속담 그룹①과 그룹②의 차이를 정리하면, 다음 페이지의 도표와 같습니다.

두 그룹 모두 전하고자 하는 메시지는 추상적이고 일반적인 개념이지만, 표현 방식이 다릅니다. 그룹①은 추상적인 단어를 사용하여 표현하는 반면, 그룹②는 구체적인 단어로 표현하지만, 실제 전달하고자 하는 메시지는 여전히 추상적인 의미를 담고 있습니다.

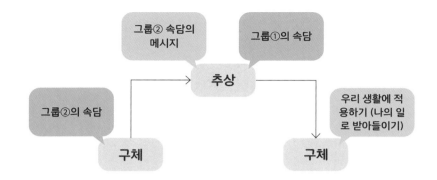

속담은 유용한 냉동식품

속담에도 구체적으로 표현된 것과 추상적으로 표현된 것이 있습니다.
추상적으로 표현된 속담은 그것을 사용하는 사람이 구체화하여 자기 경험에 적용해야 하며, 구체적으로 표현된 속담은 그 속에 담긴 추상적인 메시지(=교훈)를 끄집어내어 자신에게 맞게 적용하는 과정이 필요합니다.

이렇게 생각해 보면, 속담이나 격언은 냉동식품과도 같습니다.

먹기 직전까지 손질하여 냉동고에 보관해 둔 것처럼 수많은 사람이 미리 교훈을 정리해 두었기 때문에, 우리는 필요할 때 그것을 꺼내어 전자레인지에 데우듯(머릿속에서 해석하고 구체화하여) 쉽게 받아들일 수 있는 것입니다. 물론, 음식과 마찬가지로 생것이 더 맛있을 때(직접 경험하면 더욱 깊이 새길 수 있는 경우)도 있지만, 우리가 경험할 수 있는 것에는 시간과 자원의 한계가 있습니다.

그러므로 선조들이 냉동고에 가득 쌓아 둔 지혜의 식량을 활용하지 않을 이유가 없습니다.

그림에서의 구체와 추상

미술과 예술 분야에서 구체와 추상이 어떻게 응용되는지 생각해 봅시다.
먼저 아래 두 그림을 살펴보세요.

지금까지 설명한 구체와 추상의 차이를 떠올려 보면, 어느 그림이 구체적
인지, 어느 그림이 추상적인지 바로 알 수 있을 것입니다.

왼쪽 그림이 구체적인 그림이고, 오른쪽 그림이 추상적인 그림입니다.

Q 미술과 같은 예술에서 구체적인 것과 추상적인 것은 어떤
차이가 있을까요? 다음 질문에 답해 보세요.

1. 어느 그림이 현실에 더 가까운가?
2. 어느 그림이 더 복잡하며, 포함된 정보량이 많은가?
3. 어느 그림이 사람마다 다르게 해석될 가능성이 높은가?

이제 하나씩 생각해 봅시다.

미술적 시각에서 보면, 구상화(회화에서는 일반적으로 이 용어를 사용하지만, 여기에서 구상은 이 책에서 설명하는 구체와 거의 같은 의미임)와 추상화의 차이는 그것만으로도 하나의 연구 주제가 될 정도로 깊이 있는 문제입니다. 하지만 여기서는 지금까지 설명해 온 구체와 추상의 차이라는 시각에서 해석해 보겠습니다.

그림의 세계에서도 대부분의 다른 주제들과 같은 구조로 되어 있다는 점을 알 수 있습니다.

1. 어느 그림이 현실에 더 가까운가?

쉽게 알 수 있습니다. 오른쪽 그림은 분명 현실과 가깝다고 할 수 없습니다. 현실 세계에서는 존재하지 않는 기하학적 도형과 원색 계열의 단순한 색상이 주로 사용되었기 때문에, 현실과는 거리가 있는 표현 방식입니다.

반면, 왼쪽 그림은 인물이나 자연을 가능한 한 현실적으로 재현한 듯한 느낌을 줍니다.

이제 두 번째 질문을 살펴보겠습니다.

2. 어느 그림이 더 복잡하며, 포함된 정보량이 많은가?

여기서 말하는 정보량이란 선의 개수, 색상의 다양성, 표현된 세부 요소의 정밀함과 종류의 다양성을 의미합니다.

이 질문의 답도 분명합니다. 왼쪽 그림이 포함하고 있는 정보량이 더 많으며, 물리적으로 그림을 그리는 데 걸리는 시간도 더 오래 걸렸을 것으로 예상할 수 있습니다.

이제 마지막 질문입니다.

3. 어느 그림이 사람마다 다르게 해석될 가능성이 높은가?

'사람마다 다르게 해석될 가능성이 높다'는 것은 쉽게 말하면, "이 그림이 무엇을 표현한 것인가?"라는 질문에 대한 설명이 사람마다 얼마나 다를 수 있는지, 혹은 호불호가 얼마나 갈릴 수 있는지를 의미합니다.

여기까지 설명했으니, 대부분 사람은 오른쪽 그림이라고 대답할 것입니다. "어느 그림이 이해하기 어려운가?"라는 질문도 비슷한 의미를 가집니다.

"추상화는 잘 이해가 안 된다"라는 말은 자주 듣지만, "구상화는 잘 이해가 안 된다"라는 말을 듣는 경우는 그에 비해 압도적으로 적을 것입니다.

왼쪽 그림은 첫 번째 질문의 답을 그대로 보여주는 사실주의의 대표적 작품으로, 장 프랑수아 밀레의 대표작입니다.

반면, 오른쪽 그림은 추상화의 창시자 중 한 명으로 알려진 바실리 칸딘스키의 작품입니다.

앞선 질문을 통해 드러난 이 그림들의 특징 차이를, 이 책의 핵심 주제인 구체와 추상의 시각에서 정리해 보겠습니다.

구체(사실주의 그림)	추상(추상화)
• 묘사 대상이 충실하게 재현됨 • 복잡하고 정보량이 많음 • 해석의 자유도가 적음	• 묘사 대상을 변형하여 표현함 • 단순하고 정보량이 적음 • 해석의 자유도가 큼

앞에서 본 두 가지 차이가 그대로 구체와 추상의 표현 방식 차이로 이어진다는 것을 알 수 있습니다.

덧붙이자면, 특히 추상화된 그림에서는 강조하고 싶은 특징을 뽑아내어 과장되게 표현하는 기법이 두드러집니다. 이처럼 변형(데포르메) 기법은 추상화의 핵심이라 할 수 있습니다.

즉, 추상화란 변형을 통해 전달하고자 하는 메시지를 단순하게 표현하는 과정인 것입니다.

정보량이 적다고 해서 제작이 쉬운 것은 아니다

메시지를 단순하게 만드는 것은 정보량을 줄이는 과정이므로, 성공적으로 전달된다면 구체적으로 표현하는 것보다 훨씬 정확하게 메시지를 전할 수 있습니다. 그러나 그 반대로, 이해하기 어려운 사람도 있을 수 있고, 오해가 생길 가능성이 크다는 점 또한 추상화의 특징입니다.

또 한 가지, 사실적인 그림은 정보량이 많으므로 제작하는 데 시간이 오래 걸리는 것은 분명하지만, 그렇다고 해서 추상화된 그림이 반드시 제작이 쉽고 빠르게 완성된다는 의미는 아닙니다.

그 이유는 **추상적인 작품이란 단순히 무언가를 충실히 묘사하는 것이 아니라, 특정 요소를 뽑아내어 재구성하는 과정**이기 때문입니다. 이는 고도의 사고력을 요구하는 작업이며, 모든 추상화 과정에 해당하는 특징입니다.

구체적인 표현은 일반적으로 정보량이 많을수록 제작 시간이 길어지지만, 추상적인 표현은 궁극적으로 단순한 형태를 지향할수록 오히려 높은 수준의 사고력이 필요합니다.

이와 마찬가지로, 현실적인 표현과 변형된 표현의 관계는 캐리커처나 컴퓨터 및 스마트폰 앱에서 사용하는 아이콘에서도 볼 수 있습니다.

우리 인간은 이처럼 묘사하고자 하는 대상을 다양한 추상화 수준에서 표현하며, 자신이 전달하고 싶은 메시지를 효과적으로 전달해 왔습니다.

더 나아가, 그림이라는 표현 방식 자체가 추상화의 산물입니다. 아무리 자연을 사실적으로 묘사한다 해도, 그것은 자연의 극히 일부분을 잘라낸 것에 불과합니다.

이를 쉽게 이해하려면, 실제 자연은 3차원 공간에 존재하지만, 그림은 일반적으로 2차원이라는 점을 떠올리면 됩니다.

즉, 그림에는 절대적인 구체나 추상이 존재하는 것이 아니라, 모든 것이 회색 지대에 속해 있다는 사실이 제1장에서 이야기한 개념과도 연결되는 것입니다.

제3장의 정리

　이 장에서는 구체와 추상이라는 사고방식이 여러분의 공부와 어떻게 연결되는지를 살펴보았습니다.

　구체와 추상의 시각을 익히는 것은, 어떤 과목이든 적용할 수 있는 사고방식을 자신의 것으로 만드는 과정이기도 합니다. 이는 107페이지의 '전략적으로 학습하는 사람은 전체적인 전략을 먼저 세운다'에서 다룬 내용과도 일맥상통합니다.

　국어, 수학, 영어, 과학, 사회뿐만 아니라 스포츠, 미술, 동아리 활동까지도 구체와 추상이 기본이 된다고 해도 과언이 아닙니다.

　이어지는 제4장에서는 공부라는 영역을 넘어, 일상생활에서 주변 사람들과 원활하게 소통하는 데에도 구체와 추상의 개념이 얼마나 큰 역할을 하는지를 살펴볼 것입니다.

제 4 장

구체와 추상을
의사소통에 어떻게
활용할 것인가?

지금까지는 구체와 추상이란 무엇인지, 그리고 그것이 공부나 일상생활에서 어떻게 도움이 되는지를 중심으로 이야기를 나눴습니다. 하지만 인간의 가장 강력한 도구 중 하나라고 할 수 있는 구체와 추상에도 약점이 존재합니다. 놀랍도록 편리하고 활용도가 높은 것은 동시에 큰 위험성과 약점을 지닌 양날의 검과 같습니다. 이는 인간이 만들어낸 다양한 도구나 과학기술과 같은 맥락으로 이해할 수 있습니다.

그렇다면 구체와 추상이 품고 있는 부정적인 면은 무엇일까요? 그리고 이를 어떻게 대처해야 할까요? 이 장에서는 이러한 질문에 답하고자 합니다.

이번 장의 주제는 의사소통입니다. 의사소통에서 발생하는 문제점이 무엇인지, 그리고 그 원리를 하나씩 살펴보겠습니다.

의사소통도 2층 구조로 생각하기

구체와 추상이 인류의 의사소통에 큰 기여를 했다는 점은 이미 충분히 이야기한 바 있습니다. 그러나 모든 것이 장점과 단점을 동시에 지니고 있듯, 구체와 추상도 예외는 아닙니다. 머릿속에 피라미드 같은 고층 구조를 쌓아 올렸으면서도, 그 구조를 스스로 인식하지 못하는 사람들이 많습니다. 이로 인해 서로 다른 층에서 대화를 나누고 있으면서도 같은 층에서 이야기하고 있다고 착각해 소통이 제대로 이루어지지 않는 상황이 자주 발생합니다.

특히 SNS나 인터넷 대화에서는 자신이 의도한 대로 상대방이 메시지를 해석하지 않아 문제가 생긴 경험이 있는 사람도 많을 것입니다.

이처럼 일상에서 발생하는 의사소통의 문제들은 구체와 추상의 원리를 이해하면 해결 방법이 크게 달라질 수 있습니다.

의사소통은 상대방에게 말이나 몸짓, 또는 다른 수단을 통해 의사를 전달하거나 전달받는 행위를 말합니다. 우리의 일상은 의사소통 없이는 성립할 수 없습니다. 무인도에서 혼자 사는 것이 아닌 한, 가족, 친구, 선생님, 점원 등과의 상호작용은 필수적입니다. 인터넷이나 SNS까지 포함하면, 다른 사람과 전혀 상호작용하지 않는 날은 거의 없다고 할 수 있습니다. 이러한 상호작용 대부분은 의사소통이라 할 수 있습니다.

대부분 사람은 이를 의식하지 못하지만, 모든 의사소통에는 반드시 구체와 추상이 내포되어 있습니다.

진정으로 전하고 싶은 메시지

구체와 추상은 고층 피라미드와 같으며, 반드시 흑백처럼 명확히 나뉘는 것은 아닙니다. 여기에서는 이야기를 단순화해 구체적인 측면과 추상적인 측면이라는 두 가지로 나누어 2층 구조로 설명하겠습니다. 모든 사람이 같은 높이에 있는 것이 아니라, 서로 다른 높이에 위치해 위아래의 격차가 있다고 생각해 보세요.

여러분이 누군가에게 무언가를 전달할 때를 떠올려 보세요. **소통의 목적은 상대방에게 어떤 내용을 전달해 특정 행동으로 이어지게 하는 것**입니다(아무것도 하지 않는 것 역시 행동의 한 형태로 포함됩니다.).

그렇다면 소통에서 말하는 구체와 추상이란 무엇을 뜻할까요? 구체와 추상의 정의로 돌아가 보면, 구체란 오감을 통해 느낄 수 있는 것을 말합니다. 따라서 입에서 나오는 말(귀로 들을 수 있음)이나, 글자로 표현된 언어(눈으로 볼 수 있음)가 모두 구체적인 요소에 해당합니다.

그렇다면 구체적인 표현 외에 다른 것이 전달될 수 있을까요? 우리가 무언가를 전달할 때 단순히 **구체적인 표현만 사용하는 것이 아니라, 이를 통해 진정으로 전달하고자 하는 메시지나 숨겨진 의도와 목적이 존재**하지 않을까요?

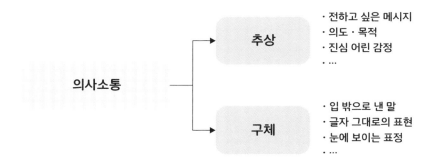

여러분이 스피치나 프레젠테이션을 하는 상황을 떠올려 보세요. 낯선 곳에서 중학교 입학식을 맞아 불안한 마음으로 있을 때, 다가와 말을 걸어 준 친구와의 에피소드를 활용해 친구는 소중하다는 메시지를 전달하려는 스피치를 구성해 본 적이 있지 않나요?

이것은 구체적인 에피소드를 통해 추상적인 메시지를 전달하는 좋은 예라고 할 수 있습니다. 마찬가지로, 영화를 보거나 만화를 읽으면서 감동받고 몰입하게 되는 스토리에는 개별적인 구체적 이야기가 재미있을 뿐만 아니라, 스토리 전체를 관통하는 메시지에 공감하게 되는 경우가 많습니다.

여기서 말하는 메시지란, 앞서 언급한 '친구는 소중하다'처럼 '실패해도 포기하지 마라', '인생에는 예술이 필요하다'와 같이 많은 사람에게 적용될 수 있는 단순하면서도 보편적인 내용을 뜻합니다. 이는 속담과 유사하게 추상적인 개념으로 볼 수 있습니다.

반대로, 구체적인 스토리는 작가가 추상도가 높은 메시지를 전달하기 위한 수단으로 활용하는 경우도 많습니다.

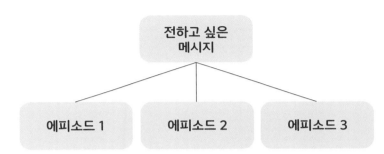

연설의 구체와 추상

전하고 싶은
메시지

에피소드 1　　에피소드 2　　에피소드 3

　의사소통을 효과적으로 진행하려면, 전달하고자 하는 내용을 표현하기 위한 구체적인 설명이 필수적입니다. 반대로, 의사소통을 받아들이는 입장에서도 단순히 구체적으로 표현된 내용만 받아들이는 것이 아니라 그 안에 담긴 메시지를 읽어내려는 태도가 중요합니다.

　이러한 의사소통의 시각을 예술에 응용해 보면, 우리가 영화를 보거나 책을 읽을 때, 개별적인 구체적 이야기가 인상 깊게 남는 경우도 있고, 구체적인 에피소드를 통해 전달받은 메시지가 마음에 남는 경우도 있습니다.
　마음에 깊이 남는 예술 작품은 단순히 눈에 보이는 구체적인 요소에만 국한되지 않습니다. 작품에서 전해지는 메시지가, 그것이 작가의 의도든 수신자가 스스로 해석한 것이든, 우리의 삶에 영향을 줄 정도로 강렬한 인상을 남기기 때문입니다.

자기소개할 때
뭐라고 말해요?

구체와 추상의 관계를 이해하면 일상생활에서의 대화나 의사소통도 더 잘 해낼 수 있습니다. 예를 들어, 여러분이 고향을 떠나 새로운 학교에 들어갔다고 가정해 봅시다. 이 학교는 다양한 지역에서 학생들이 모여 대부분이 서로 처음 만난 사이입니다. 그곳에서 모든 학생이 한 사람씩 30초 동안 자기소개를 하기로 했다고 가정해 봅시다.

Q 처음 만난 친구들에게 자신을 어떻게 소개하나요?
1분 동안 시간을 내어 생각해 보세요.

다양한 자기소개 문장이 있을 수 있지만, 많은 사람이 자신의 취미나 좋아하는 것에 대해 아래와 같이 이야기하지 않을까요?

- 제 취미는 음악 감상입니다.
- 쉬는 날에는 게임을 합니다.

- 좋아하는 작가는 노벨문학상을 수상한 한강 작가입니다.

이제 두 명씩 짝을 지어 서로 자기소개 문장을 제시한다고 가정해 봅시다. 여러분이 듣는 입장이라고 생각했을 때, 아래의 세 가지 자기소개 선택지 중 A와 B 중에서 어느 쪽의 자기소개가 더 인상 깊게 느껴질까요?

여러분이 이 사람들과 취미나 선호도가 같다고 가정했을 때, 자기소개가 끝난 후 "나도 그래. 나랑 같네."라며 대화를 나누고 싶어질 사람은 누구일까요?

①
A: 저는 애니메이션을 정말 좋아합니다.
B: 저는 귀멸의 칼날을 정말 좋아하고, 특히 이노스케의 팬이에요.

②
A: 저의 취미는 음악 감상이에요.
B: 사람들이 특이하다고 하지만 저는 클래식 음악을 좋아해요. 특히 베토벤의 운명 교향곡을 거의 매일 들어요.

③
A: 저는 채소를 별로 좋아하지 않아요.
B: 패밀리 레스토랑에서 나오는 함박스테이크에 곁들여 나오는 브로콜리 있잖아요. 저는 그거 꼭 남겨요.

대부분 사람이 B라는 자기소개가 더 인상 깊다고 느낄 것이며, 자신에게도 해당하는 공통점이 있다면 자기소개가 끝난 후 그 사람에게 말을 걸고 싶어질 것입니다.

반대로, A의 자기소개는 특별히 말을 걸고 싶어지지 않을 뿐만 아니라, 그 사람이 한 말을 다음 날까지 기억할 사람도 거의 없을 것입니다.

그렇다면 A와 B의 차이는 무엇일까요?

이것은 바로 구체와 추상의 관계에서 오는 차이입니다.

이 자기소개들에서 A와 B의 표현 차이는 구체와 추상의 관계에 해당합니다. A와 B 중 어느 쪽이 더 구체적이고, 어느 쪽이 더 추상적인지 떠올려 보세요.

구체와 추상의 관계를 나타내는 도표를 생각해 보면, 어느 쪽이 여러 가지를 하나로 묶어 표현한 말인지 알 수 있을 것입니다.

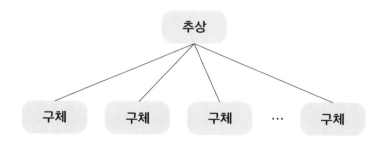

①~③번 예시에 공통된 A와 B의 관계는 A가 더 큰 범주의 장르를 나타내며, B는 그중 하나의 예를 나타낸다는 관계입니다.

예를 들어, 귀멸의 칼날은 애니메이션이라는 장르의 한 작품이고, 클래식은 음악 장르의 한 사례이며, 브로콜리는 채소라는 종류의 한 사례에 해당합니다.

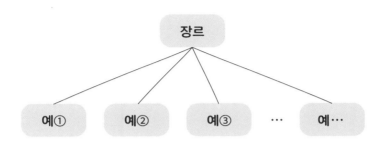

즉, 앞서 나온 자기소개의 예는 추상적인 표현과 구체적인 표현에 대응하고 있다는 뜻입니다. 이를 조금 다르게 보면, '어느 쪽이 더 넓은 범위를 포괄하는가?'라는 크기와 범위의 관계로 이해할 수 있습니다.

예를 들어, 음악의 사례를 보면 아래와 같은 관계로 표현할 수 있습니다.

이 단어 간의 관계만을 정리하면 아래 그림과 같이 표현할 수 있습니다..

음악

클래식

베토벤

운명

　즉, 추상적인 것과 구체적인 것의 차이는 포괄하는 범위의 차이라고 할 수 있습니다. 이를 그림으로 나타내면 다음과 같습니다.

　이 원들의 외곽선 두께와 각 원 안의 색 농도 차이도 각각 의미를 담고 있습니다. 구체적일수록 경계가 뚜렷하고 색도 짙어져 명확한 이미지를 떠올리기 쉬운 반면, 왼쪽으로 갈수록 추상적이 되어 윤곽이 흐릿하고 색도 옅어집니다.

　앞서 소개한 자기소개 예시를 떠올려 보면, 표현이 추상적일수록 모호해지고 인상이 흐릿해지는 느낌을 준다는 점을 알 수 있습니다.

　이러한 대상 범위의 농도 차이가 자기소개나 다른 대화에서 공감의 강도와 깊이 관련이 있다는 점을 이해할 수 있을 것입니다.

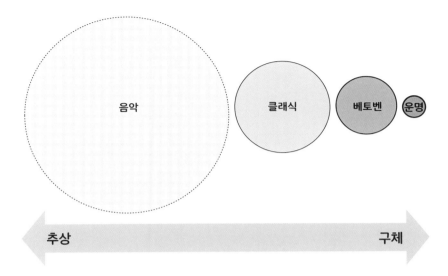

예를 들어, 100명의 사람 중에서 같은 취미를 가진 사람이 2명인 경우와 50명에게 해당하는 취미를 가진 사람들 사이에서 공감의 강도는 어느 쪽이 더 강할지 생각해 보면, 앞서의 예시를 통해 쉽게 알 수 있습니다.

같은 맥락으로, 인터넷 기사의 제목 중에서 자신에게 해당한다고 느끼는 제목이 두 가지 있을 때, 어떤 기사를 더 읽고 싶어질지 떠올려 봅시다.

A: 중학생인 당신이 읽어봤으면 좋겠어요.
B: 이번 주 14번째 생일을 맞이한 당신이 읽어봤으면 좋겠어요.

A는 대상 범위는 넓지만 인상이 흐려지는 좀 더 추상적인 제목이며, B는 대상자는 적지만 해당될 경우 강한 인상을 주는 좀 더 구체적인 제목입니다.

여기서 알 수 있는 것은, 이러한 인터넷 기사 제목이나 SNS의 메시지 및

게시글 등은 일반적으로 **'해당되는 사람이 적을수록(해당될 경우) 공감도가 높아진다'**는 점입니다.

　마지막으로, '범위는 좁지만 감정적인 호소력이 강해지는' 구체적인 표현과, '감정적인 호소력은 약해지지만 범위가 넓어지는' 추상적인 표현의 차이를 다음과 같은 비유로 정리해 보겠습니다.
　그것은 바로 '레이저 포인터'와 '손전등'의 관계입니다.
　어두운 곳에서 무언가를 찾는 상황을 떠올려 보면, 처음에는 손전등처럼 밝기는 다소 약하더라도 넓은 범위를 비출 수 있는 것이 유용합니다.
　하지만 어느 정도 위치를 파악한 후에는, 좁은 범위를 강하게 비출 수 있는 라이트가 더 세밀한 탐색에 적합합니다.
　레이저 포인터는 극단적인 예이지만, 이를 연상할 수 있는 개념이라 할 수

구체와 추상의 관계

구체

추상

범위는 좁지만 명확함

모호하지만 범위는 넓음

있습니다.

이처럼 '어둠 속에서 무언가를 찾는 과정'(정보나 지식, 경험이 부족하고 단서를 찾기 어려울 때 해결책을 고민하는 상황)에서는, 처음에는 **'희미하지만 넓은 범위를 비추는' 손전등(추상적인 개념)으로 탐색을 시작하고, 그 후 '범위는 좁아지지만 특정 부분을 밝게 비출 수 있는' 레이저 포인터 같은 도구(구체적인 개념)로 전환함**으로써 불필요한 시행착오 없이 목표를 찾을 수 있습니다.

이 두 가지 특징을 잘 활용하면 가족이나 친구, 선생님과의 의사소통에서도 효과적으로 응용할 수 있습니다.

Q 다른 사람을 칭찬할 때,
어떤 칭찬이 듣는 사람에게 더 기쁨을 줄까요?

A: 설명을 참 잘했어.
B: 지난주 국어 수업에서 그룹 발표할 때, 말하는 속도를 중간에 조절한 부분이 정말 대단했어.

B가 A보다 훨씬 더 효과적으로 인상을 남기네요. A는 추상적인 표현이고, B는 구체적인 표현을 사용한 예입니다. 그렇다면 구체적이라는 것은 어떤 단어 선택을 뜻하는 걸까요? B의 선택지를 기준으로 이를 일반적인 언어로 생각해 보세요.

- 그 사람에게만 해당하는 표현을 사용하기
- 일반적인 특징이 아닌, 개별적인 사건을 언급하기
- 한마디로 끝내지 않고, 세부적으로 묘사하기
- 이론이 아닌 감정에 호소하기

이 정도일 것입니다. 이 모든 것은 표현을 구체적으로 만드는 것으로 실현할 수 있습니다. 이것이 구체적으로 이야기하는 것의 힘입니다.

구체와 추상의 관계를 레이저 포인터와 손전등에 비유하며 기억해 둔다면, 각각의 특징을 활용해 의사소통을 더 풍부하게 만들 수 있습니다. 또한, 일상에서 무엇에 주목해야 할지도 더 잘 알게 될 것입니다.

상황에 따라 구체적인 표현과 추상적인 표현을 의식적으로 구분하여 사용하면, 훨씬 더 효과적인 의사소통을 할 수 있을 것입니다.

말이 정말로
전달되고 있을까?

여러분은 친구나 가족, 선생님 등 주변 사람들과 어떤 방식으로 소통하고 있나요? 대부분은 말을 사용해서라는 답이 나올 것입니다. 우리는 말하거나 글을 쓰는 방식으로 대부분의 의사소통을 합니다. 이는 청각에 장애가 있는 분이라도 수화를 통해 한 번 말을 변환한 뒤 그것을 이해하는 과정을 거친다는 점에서 마찬가지입니다.

자신 이외의 사람들과 함께 살아가는 데 있어 말을 사용하지 않는 삶을 상상하기란 어렵습니다. 물론 소통하는 과정에서 서로의 의견이 다르거나 오해가 생길 수도 있지만, 대부분은 상대방을 이해할 수 있다고 믿으며 시간을 내어 대화를 나누려 하지 않나요?

말은 이처럼 중요한 도구이지만, 추상화를 통해 만들어진다는 점에서 그 본질적인 특징이 드러납니다. 그러나 추상화의 장점과 단점을 모두 이어받은 만큼, 언어는 고유한 한계도 가지게 됩니다.

여기서는 우리가 일상적으로 인식하기 어려운 언어의 한계를, 추상화의 특징이라는 관점에서 살펴보겠습니다.

알아차리기 어려운 언어의 약점

언어란 복잡한 자연이나 인간을 한마디로 표현하는 것입니다. 예를 들어, 여러분이 바다나 산 같은 대자연을 보고 감동했다고 합시다. 그것을 어떻게 언어로 표현할까요? '대단하다', '감동했다'와 같은 한마디로는 그 감정을 온전히 설명하기 어렵습니다. 또한, 좋아하는 스포츠팀, 선수, 혹은 아티스트의 퍼포먼스를 보고 소름이 돋았다는 경험을 했을 때도, 말로 표현하기 어렵다고 느낀 적이 있을 것입니다.

이처럼 언어는 의사소통을 위한 주요 수단이자 도구이지만, 결국 우리가 전하고자 하는 것의 극히 일부만 표현할 수 있습니다. 예를 들어, 만 가지의 것을 표현하려 한다고 가정했을 때, 언어가 없다면 단 1~2가지밖에 표현하지 못할지도 모릅니다. 그러나 언어가 있다고 해서 만 가지 중 대부분을 표현할 수 있는 것은 아닙니다. 많게 잡아도 10개나 20개 정도, 즉 1,000분의 1이나 2 정도밖에 표현하지 못한다고 보는 것이 현실적일 것입니다.

문제는 우리가 언어를 사용하면 거의 모든 것이 우리가 의도한 대로 상대방에게 전달될 것이라고 착각한다는 점입니다. 이는 일상생활에서 우리가 언어로 자기 생각을 잘 전달하고 있다고 착각하는 근거이기도 합니다. 그러나 실제로는 **언어로 표현해도 우리가 전달하고자 하는 것의 대부분은 전달되지 않는다고 생각하는 것이 더 적절**합니다.

이런 생각을 가지면, 주변 사람들이 나를 오해한다고 느꼈을 때도 그럴 수도 있지라는 정도로 가볍게 받아들일 수 있을 것입니다.

여기서 사람마다 언어를 받아들이는 방식이 얼마나 다른지 예를 들어 살펴보겠습니다.

Q 여러분은 성공과 실패라는 두 단어의 관계를 어떻게 이해하고 있나요? 아래 제시된 9가지 패턴 중에서 선택해 보세요.

		겹쳐져 있는가?		
		분리된다	일부 겹친다	포함한다
어느 쪽이 더 큰가?	A > B	패턴 1 A B	패턴 2 A B	패턴 3 A B
	A = B	패턴 4 A B	패턴 5 A B	패턴 6 AB
	A < B	패턴 7 A B	패턴 8 A B	패턴 9 B A

A = 성공, B = 실패

여기에서는 성공(A)과 실패(B)의 관계에 대해, 어느 쪽이 더 큰지, 어떻게 서로 교차하고 있는지(혹은 교차하지 않는지), 이 두 가지 점에서 어떤 관계에 가장 가까운지를 선택해 보세요. 주변의 친구나 가족에게도 물어보고 함께 해보는 것도 좋습니다.

결과는 어땠나요? 아마 같은 것을 선택한 사람이 많지는 않았을 것입니다. 선택한 내용을 공유한 뒤, 왜 그것을 선택했는가를 서로 설명해 보세요. 성공과 실패처럼 우리가 일상적으로 사용하는 기본적인 단어조차도 다양한 생각을 가질 수 있다는 점을 깨닫게 될 것입니다.

예를 들어, 어느 쪽이 더 큰가에 관해서는 다음과 같은 생각이 있을 수 있습니다.

- 항상 실패를 걱정하거나 한 번의 실패를 계속 곱씹어 생각하기 때문에 실패가 더 크게 느껴진다.
- 스포츠나 게임에서 성공한 이미지를 그리며 진행하기 때문에 머릿속에는 성공이 대부분이다.
- 성성공과 실패는 둘 다 가능성이 있기 때문에 균형을 맞춰 비슷하게 생각한다.

이처럼, 단어 하나에도 다양한 해석이 존재한다는 사실을 알 수 있을 것입니다. 또한, 어떻게 겹쳐 있는가와 관련해서는 다음과 같은 생각이 있을 수 있습니다.

- 성공과 실패는 두 가지 선택지로 나누어 있어 서로 분리되어 있다.
- 성공과 실패는 한쪽으로 명확히 나뉘지 않는 부분도 있어 겹치는 부분이 있다.
- 여러 번의 실패를 거듭하는 것이 성공의 비결이기 때문에, 실패 속에 성공이 포함되어 있다.

이처럼 다양한 시각에서 성공과 실패를 바라볼 수 있습니다.

이처럼, 우리가 아무렇지 않게 사용하는 단어 하나하나도 사람마다 해석이 다를 수 있습니다. 그것도 이렇게 기본적인 단어들조차 의미가 다르게 받아들여진다면, 수백 개, 수천 개의 단어를 조합해 이루어지는 일상 대화에서 상대방이 내가 의도한 대로 정확히 이해하는 일은 거의 기적에 가깝다고 볼 수 있습니다. 추상화는 복잡한 개념을 단순하게 정리해 한마디로 표현할 수 있도록 도와줍니다. 이를 통해 인간의 소통 능력은 동물에 비해 놀라울 정도로 발전했습니다. 그러나 동시에, 인터넷 대화에서 자주 볼 수 있듯이, 뜻이 애매하거나 다르게 해석될 여지가 많아 오해와 의사소통의 혼선이 쉽게 발생하기도 합니다

연습 문제

1. 장점과 단점, 공부와 놀이의 관계를 두 개의 원으로 표현한다면 어떤 형태가 될지 친구와 함께 그려보고, 그 결과를 보며 왜 그 형태를 선택했는지 서로 이야기해 보세요.

2. 스스로 A와 B의 관계를 두 개의 원으로 표현한다면 어떻게 될지, A와 B를 직접 정한 뒤 1번과 마찬가지로 친구와 의견을 나눠 보세요.

서로 '말했다'와 '말하지 않았다'라는 오해는 왜 생길까?

우리는 언어를 통해 친구나 가족, 선생님과 함께 무언가를 하거나, 기쁨과 슬픔 같은 감정을 나눌 수 있습니다. 언어가 인간이 공동생활을 유지하는 데 없어서는 안 되는 수단이라는 점에 이의를 제기할 사람은 없을 것입니다. 하지만 모든 편리한 것이 그렇듯, 양날의 검이라는 특성이 있다는 점은 이 장의 서두에서 이야기한 바 있습니다.

그렇다면 언어가 가지고 있는 부정적인 측면은 무엇일까요? 그것은 바로 언어를 사용하는 것이 항상 오해를 불러일으킬 가능성을 내포하고 있다는 점입니다.

언어의 정의가 서로 다를 경우, 대화에서 엇갈림이 발생할 수 있다는 예를 하나 들어봅시다. 사람마다 언어의 정의가 다를 수 있다는 점은 이미 이야기한 바 있습니다. 이로 인해 다양한 오해가 발생할 수 있다는 것은 쉽게 상상할 수 있습니다. 서로 다른 정의로 언어를 사용하면, 오해가 생기는 것은 당연한 일입니다.

오해는 왜 생길까요?

예를 들어, 영어를 조금 깊이 공부한 사람이라면 영어의 'Yes'와 'No'가 한국어의 '네'와 '아니오'와 다르다는 점을 알고 있을 것입니다. 예를 들어, 한국어로 "아프리카에 가본 적이 없죠?"라는 질문을 받았을 때, 가지 않았다면 한국어에서는 "네"라고 대답합니다. 하지만 영어로 "Yes"라고 답하면, 이는 한국어로는 '아니오, 즉 간 적이 있다'라는 의미가 됩니다.

이런 차이는 영어를 배우기 시작한 사람들이 자주 겪는 전형적인 의사소통 실수입니다.

이는 한국어의 '네/아니오'가 영어의 'Yes/No'와 실제로는 미묘하게 다른 의미를 지니고 있다는 사실을 모르고 있기 때문에 발생하는 문제입니다. 하지만 이와 비슷한 문제는 다른 단어들에서도 충분히 발생할 가능성이 있습니다. 이는 앞서 '성공과 실패'의 예에서 설명한 바 있습니다.

이러한 단어의 정의 차이는 단순히 단어가 포괄하는 범위의 차이뿐만 아니라 구체적 표현과 추상적 표현의 차이에서도 비롯될 수 있습니다. 이런 차이는 알아차리기 어렵기 때문에, 이를 이해하고 있느냐에 따라 일상적인 의사소통 방식이 크게 달라질 수 있습니다.

그럼 한 가지 사례를 살펴보겠습니다.

어느 날 방과 후, 선생님이 교실에 들어오셔서 "오늘 아침, 방과 후까지 청소 도구를 정리해 두라고 말하지 않았니! 왜 아무도 하지 않은 거야?"라며 약간 화난 듯 말씀하셨다고 가정해 봅시다.

하지만 여러분은 청소 도구에 대해 말씀하셨다는 기억이 전혀 없었고, 친구들 역시 비슷하게 당황한 표정을 짓고 있었습니다.

그때, 용기를 내어 한 친구가 "선생님, 저희는 그런 말씀 들은 적 없습니다."라고 반박했습니다. 그러자 선생님은 "모르는 척하는 거야? 내가 분명히 오늘 아침에 말했어."라고 하셨고, 결국 양측 간의 '말했다'와 '말하지 않았다'는 간극이 좁혀지지 않았습니다.

여러분도 가족이나 친구와의 관계에서 이와 비슷한 경험을 해본 적이 있지 않으신가요?

말의 이면에 있는 것

이러한 일이 단순히 기억 착오나 오해로 인해 발생하는 경우도 많습니다. 그러나 선생님이 실제로 그 말씀을 하셨고, 학생들이 그 말을 분명히 들었음에도 '말했다'와 '말하지 않았다'라는 문제가 발생하는 상황도 존재합니다.

이 상황을 가정해 보겠습니다. 만약 누군가가 아침에 선생님의 말씀을 녹음했다고 가정해 봅시다. 녹음을 재생한 결과, 선생님은 아침에 "방과 후까지 교실을 깨끗이 정리해 둬라"라고 말씀하셨다는 사실이 확인되었습니다.

그런데 이 상황을 어떻게 생각하시나요?

핵심은 선생님이 실제로 하신 말씀은 "교실을 정리해라"였지만, 방과 후에 선생님이 '분명히 말했다'고 생각한 내용은 정확히는 '청소 도구를 정리해라'였다는 점입니다.

결론적으로, '교실을 정리하는 것'과 '청소 도구를 정리하는 것'이 과연 같은 것인지, 다른 것인지가 문제입니다.

85페이지의 '같다'과 '다르다'의 비밀 항목을 떠올려 보세요. 구체적인 수준에서는 다르게 보이더라도, 추상적인 수준에서는 같아질 수 있다는 내용이었습니다.

이제 구체와 추상의 개념을 정리해 보겠습니다.

어떤 것이 구체적이고, 어떤 것이 추상적일까요?

힌트는, 구체와 추상의 관계에서는 원의 크기를 비교했을 때, 작은 구체를 포함하는 큰 원이 추상이 된다는 점입니다. '교실을 정리한다'와 '청소 도구를 정리한다'의 관계는 아래 그림과 같은 형태로 설명할 수 있을 것입니다.

이를 구체와 추상의 피라미드 구조에 대입하면 다음과 같이 정리할 수 있습니다.

'교실을 정리한다'와 '청소 도구를 정리한다'는 문자 그대로 보면 분명히 다른 표현입니다. 그러나 '청소 도구를 정리한다'는 '책상과 의자를 정리한다', '교과서를 정리한다', '사물함을 정리한다' 등과 함께 '교실을 정리한다'라는 행동을 구체화한 예 중 하나입니다.

즉, 선생님이 '교실을 정리해라'라는 '추상적인 표현'을 사용했을 때, 그 안에는 자연스럽게 청소 도구를 정리하는 것도 포함된다고 생각했기 때문에, 이를 포함하여 '오늘 아침에 말했다'고 기억하게 된 것입니다.

이처럼 언어에는 개별적인 사물이나 행동(구체)과 그것이 더 크게 의미하는 바(추상)라는 두 가지 수준이 존재합니다. 이러한 언어의 특성은 '말했다와 말하지 않았다'라는 의사소통에서 오해를 불러일으키는 원인 중 하나가 됩니다.

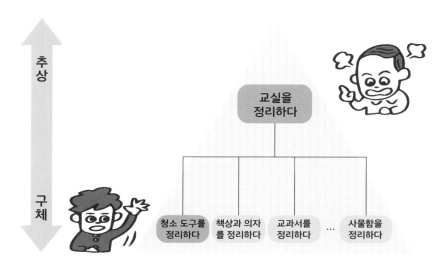

'삼각김밥 사다 줘'의 의미는?

마지막으로, 지금까지 이야기한 구체와 추상을 의사소통에 어떻게 활용할 수 있는지 생각해 봅시다.

친구 집에 저녁에 놀러 갔을 때 다음과 같은 대화를 상상해 보십시오.

친구: 배고파 죽겠어. 지금 자리를 비우기 힘드니까, 편의점에서 삼각김밥을 사다 줄래?

당신: 알겠어. 편의점 삼각김밥 말이지?

그래서 근처 편의점으로 급히 가서 음식 코너를 살펴봤지만, 아쉽게도 다 팔리고 삼각김밥이 없었습니다.

당신: 미안, 다 팔렸어.

친구: 아쉽네. 다른 건 없었어?

당신: 엥? 분명 삼각김밥 사다 달라고 했잖아?

친구: 배고파 죽겠는데 뭐든 사 와도 괜찮잖아.

누군가에게 물건을 사다 달라고 부탁하거나 부탁을 받은 적이 있다면, 그 과정에서 어떤 의사소통 문제가 발생했는지 떠올려 보세요.

이 구조를 이해하면, 일상생활뿐만 아니라 직장인이 되었을 때도 의사소통을 원활히 하여 주변 사람들에게 센스 있는 사람이라는 평가를 받을 수 있을 것입니다.

처음 친구의 말을 구체와 추상의 시각에서 해석하면 어떻게 될까요?

편의점 삼각김밥이라는 것은 어디까지나 구체적인 음식의 한 예일 뿐, 정말로 하고 싶었던 말은 '배가 고프니 뭔가 먹고 싶다'라는 것입니다.

즉, 친구의 목적은 배고픔을 해결하는 것이고, 이를 위한 구체적인 수단 중 하나로 삼각김밥을 제안한 것입니다.

이를 구체와 추상의 관계로 도표화하면 다음과 같이 표현할 수 있습니다.

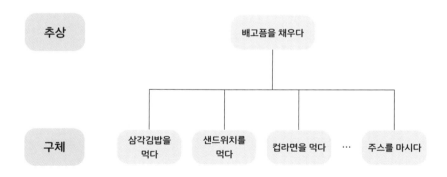

이 내용을 통해 알 수 있듯이, 만약 삼각김밥이 없었다면 친구의 목적을 생각해 보고 뭐든지 먹을 것을 사 가는 것이 필요했을 것입니다.

이처럼 우리의 의사소통은 구체와 추상이라는 두 가지 수준에서 이루어집니다. 하지만 메시지를 받는 사람이 추상적인 수준의 메시지를 받아들일 준비가 되어 있지 않다면, 우연히 예로 든 하나의 구체적인 사례만 이해하고 행동하게 되는 경우가 발생합니다.

　일상적인 의사소통에서 구체와 추상 두 수준을 항상 의식하는 것이 얼마나 중요한지 이해할 수 있었을 것이라 생각합니다.

제4장의 요약

이 장에서는 양날의 검으로서의 구체와 추상을 의사소통에 적용하는 방식을 살펴보았습니다. 일상에서 가족이나 친구와의 대화, 혹은 SNS에서의 소통에서 발생하는 많은 오해와 불일치가 구체와 추상의 간극에서 비롯된다는 점을 이해하셨을 것입니다.

중요한 점은, 그렇다고 해서 모든 대화를 같은 층(같은 추상적 수준)에서만 해야 한다는 뜻은 아닙니다. 중요한 것은 적어도 우리가 고층 건물 안에 살고 있다는 사실을 자각하는 것입니다. 그리고 소통 과정에서 오해나 불일치가 발생했을 때, '저 사람이 이상하다고 자신의 옳음을 내세우며 상대를 비난하기보다는, 왜 서로의 의견이 맞지 않는가? 왜 받아들여지지 않는가?'라는 근본적인 원인을 생각해 보아야 합니다.

이 원리를 이해한다고 해서 간극이 바로 해소되는 것은 아닐 수 있습니다. 하지만 적어도 서로의 입장과 시각을 고려한다면, 누가 옳은가라는 논쟁(대부분의 경우 자신이 옳고 상대가 틀렸다고 단정짓는 태도)을 줄이고, 불필요한 갈등을 완화할 수 있을 것입니다.

제 5 장

구체와 추상
사용 시 주의사항

◆

　이번 장에서는 지금까지 익힌 구체와 추상이라는 사고방식을 사회에서 활용할 때 유의해야 할 사항들을 정리하고자 합니다. 냉장고나 전자레인지 같은 가전제품부터 스테이플러나 풀 같은 문구류까지, 편리한 도구는 올바르게 사용했을 때 그 장점을 최대한 발휘할 수 있습니다. 반면, 잘못된 사용법은 좋은 도구를 무용지물로 만들기도 합니다.

　구체와 추상 역시 마찬가지입니다. 이는 매우 훌륭한 양날의 칼과 같습니다. 제대로 사용하면 엄청난 힘을 발휘하지만, 사용법을 잘못 이해하거나 오용하면 오히려 짐이 될 수 있습니다. 따라서 긍정적인 면은 최대한 살리고, 부정적인 면은 가능한 한 보완할 수 있는 사용법을 마지막으로 소개하려고 합니다.

　이 장의 끝에서는 앞으로 사회에 나아가 다양한 것을 배우고 경험할 여러분에게, 구체와 추상이라는 사고방식을 어떻게 활용할 수 있을지에 대한 메시지를 전달하고자 합니다. 부디 이 강력한 도구를 바탕으로 더 넓은 세상에서 힘차게 날아오르길 바랍니다.

◆

매직미러

여러분, 매직미러를 들어본 적 있나요? 아마도 가장 쉽게 떠올릴 수 있는 예는 형사 드라마에 나오는 취조실 장면일 것입니다. 용의자가 취조를 받는 모습을 옆방에서 작은 창문을 통해 관계자들이 관찰하는 상황을 상상해 보세요.

이 경우, 옆방에서는 취조 상황을 볼 수 있지만, 취조실 안에서는 그 창문이 단순한 거울처럼 보여 옆방의 모습을 볼 수 없습니다. 이러한 창문을 '단방향 거울'이라고 부르고, 영어로 one-way mirror라고 합니다.

이 책에서 말하는 매직미러란 A가 B를 볼 수 있지만, B는 A를 볼 수 없는 상황을 상징적으로 나타낸 것입니다. 이 관계를 간단히 도표로 표현할 수 있습니다.

도표에서 위쪽을 보면, 오른쪽은 추상적인 세계를 볼 수 있는 사람, 왼쪽은 추상적인 세계를 볼 수 없는 사람을 나타냅니다. 두 사람이 서로의 사고 과정을 이해할 수 있는지가 바로 매직미러 관계와 같습니다.

초등학교에서 중학교, 고등학교, 대학교로 올라가면서 공부를 통해 지식량을 늘려가는 동시에, 추상의 계단을 오름으로써 구체와 추상의 피라미드 면적을 확장해 간다는 점을 '공부한다'는 것은 무엇일까요?'(73페이지)에서 설

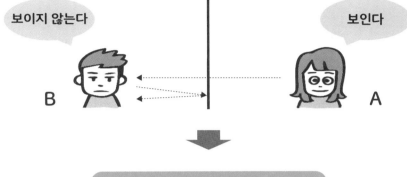

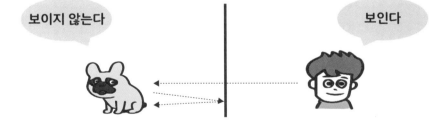

명했습니다.

이 피라미드에서 수직 방향으로 볼 때, 추상적인 세계를 볼 수 있는 사람은 추상적인 사고 과정을 이해하지 못하는 사람의 사고를 파악할 수 있습니다. 그러나 매직미러처럼, 반대로 추상적인 세계를 보지 못하는 사람은 그 세계를 이해할 수 없습니다.

즉, 구체적인 세계만 볼 수 있는 사람은 추상적인 세계를 볼 수 있는 사람을 이해할 수 없습니다. 이는 대부분이 구체적인 세계로 이루어진 동물이 추상적 개념을 다루는 인간의 세계를 이해하지 못하는 것과 비슷한 맥락에서 생각할 수 있습니다.

인간 역시 동물의 모든 것을 완벽히 이해하지는 못합니다. 하지만 적어도 동물의 행동 중 많은 부분은 구체적인 세계를 통해 설명할 수 있습니다. 예를 들어, 동물이 먹이를 구하거나 무리를 지키는 행동 등은 구체적으로 관찰하고 이해할 수 있습니다. 이러한 점에서 동물의 세계는 인간에게 일방적으로만 보이는 이미지로 느껴질 수 있습니다.

동물은 인간이 과학의 힘을 사용해 의료 진단과 치료를 어떻게 하는지, 혹은 국가나 회사 같은 집단을 조직해 규칙을 만들어 생활하는 방식을 거의 이해하지 못합니다.

이처럼 추상적 개념을 이해한다는 것은 우리가 볼 수 있는 세계를 크게 확장하는 것을 의미합니다. 이는 인간이 추상적 사고를 통해 새로운 가능성과 넓은 시야를 갖게 되는 중요한 과정이라 할 수 있습니다.

여기에서 구체와 추상 피라미드의 수평의 세계, 즉 지식의 유무와 추상 세계를 이해하는 수직의 세계를 비교하며 보충 설명하겠습니다.

수평의 세계에서도 지식을 갖춘 전문가와 지식이 없는 비전문가의 관계는 유사한 측면이 있다고 볼 수 있습니다. 다만, 전문가와 비전문가의 차이를 단순히 지식량의 차이로만 본다면, 지식이 적은 사람도 지식이 많은 사람의 세계를 어느 정도 예상할 수 있습니다.

예를 들어, 이 사람은 내가 잘 모르는 해외 정치 시스템에 대해 잘 알고 있다거나 저 사람은 내가 잘 알지 못하는 열대 식물에 대해 잘 알고 있다는 식

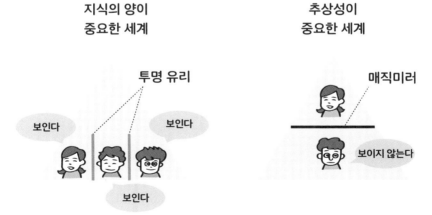

추상

추상도

구체

지식량

지식의 양이
중요한 세계

추상성이
중요한 세계

투명 유리

매직미러

보인다

보인다

보인다

보이지 않는다

으로 이해할 수 있습니다. 즉, 무엇을 알고 있는지 지식 자체는 보이지 않더라도, 지식의 차이가 있다는 사실을 이해하는 것은 비교적 쉬운 일입니다.

이처럼 지적 능력으로서의 구체와 추상의 피라미드는 수직적인 관계에서 위에 있는 사람은 아래를 볼 수 있지만, 아래에 있는 사람은 위를 볼 수 없는, 마치 매직미러와 같은 관계를 형성합니다.

지적 호기심은 내가 보지 못하는 무언가가 존재할 것이라는 인식에서 출발합니다.

추상의 마법 거울 위에 무한한 세계가 펼쳐져 있다고 상상해 보세요. 앞으로 다양한 학문을 배우고 자신의 세계를 넓혀가는 일이 설레지 않나요?

물고기를 줄 것인가, 낚는 법을 가르칠 것인가?

물고기를 주지 말고, 물고기 잡는 법을 가르치라는 말을 들어본 적이 있나요? 이 말은 여러 가지 설이 있으며, 중국 고사에서 유래했다는 주장 등 다양한 나라와 상황에서 사용되고 있습니다. 영어에서도 'If you give a man a fish, you feed him for a day. If you teach a man to fish, you feed him for a lifetime.(사람에게 물고기를 주면 하루를 먹을 수 있지만, 물고기 잡는 법을 가르치면 평생을 먹고살 수 있게 된다)'라는 비슷한 격언이 있습니다.

이 말이 의미하는 바를 이해할 수 있나요? 배고픈 사람에게 물고기를 주면, 그는 당장 그것을 먹을 수 있습니다. 물론 먹기 위해 손질하거나 끓이거나 굽는 약간의 수고가 필요할 수도 있지만, 이 과정은 몇 시간 내에 끝날 수 있는 일입니다.

반면, 낚시하는 법을 배우는 데는 시간이 걸립니다. 강이나 바다에서 낚시의 달인에게 배운다고 해도, 혼자서 물고기를 잡을 수 있는 수준이 되기까지 최소 며칠은 걸릴 것입니다. 더 나아가, 그 달인처럼 자유롭게 원하는 장소에서 원하는 물고기를 잡을 수 있으려면 몇 년의 시간이 필요할 것입니다.

낚시법을 배우면 평생 굶지 않는다

앞서 언급한 물고기를 주지 말고 낚시하는 법을 가르치라는 말은 어떤 의미를 담고 있을까요? 영어 속담을 보면 더 쉽게 이해할 수 있습니다. 물고기를 받은 사람은 그날 하루는 그 물고기로 생계를 이어갈 수 있을 것입니다. 하지만 물고기는 금방 사라지고, 그 사람은 다시 배고픈 상태로 돌아갑니다. 결국 또다시 누군가가 물고기를 줄 때까지 기다릴 수밖에 없는 상황이 반복됩니다.

그렇다면 배가 고픈 상황에서도 낚시법을 배우려는 사람은 어떻게 될까요? 낚시법은 직접 먹을 수 있는 것도 아니고, 배우는 데 시간이 걸립니다. 따라서 배우는 동안에는 힘든 시간을 견뎌야 합니다. 하지만 **낚시법을 배우고 나면, 스스로 물고기를 잡을 수 있게 되어 평생 굶주릴 걱정은 사라지게**

됩니다.

물론 물고기와 낚시법은 모두 생존에 필요합니다. 오늘이나 내일 당장 먹을 것이 없어 움직일 수 없는 사람에게는 물고기가 필수적입니다. 하지만 물고기만으로는 며칠밖에 생존할 수 없으니, 몸을 조금이라도 움직일 수 있는 상태라면 배고픔을 참고 낚시법을 배우는 것이 중요합니다.

그런데도 많은 사람은 "둘 중 무엇이 필요합니까?"라는 질문에 망설임 없이 "물고기"라고 대답합니다. 그리고 낚시법을 가르쳐주거나 배우려는 사람들에게 낚시법을 배워도 당장 먹을 수 없으니 소용없다고 말합니다. 결국 물고기를 금세 먹어 치운 뒤, 또다시 누군가의 도움을 기다리게 되는 현실이 반복되고 있습니다.

추상이야말로 평생 간직할 보물

여기에서 말하는 구체와 추상의 관계는, 지금까지 이야기해 온 물고기와 낚시하는 방법의 관계와 정확히 일치합니다.

구체적인 것은 누구나 쉽게 그 가치를 이해할 수 있기 때문에, "알기 쉽게 구체적으로 설명해 주세요."라는 말은 "당장 먹을 수 있는 물고기를 주세요."라는 말과 같습니다. 하지만 이것만으로는 **일시적인 해결책이 될 뿐, 이후로 이어지지 않습니다.**

반면, 낚시하는 방법을 배우는 것은 바로 추상적으로 사고하는 것에 해당합니다. 추상적으로 사고하거나 추상적인 표현을 사용하는 것은 '당장 유용해 보이지 않는다'거나 '많은 사람이 쉽게 익히기 어렵다'는 점에서 낚시하는 법을 배우는 것과 같습니다. 하지만 한 번 익혀 두면 평생을 두고 활용할 수 있는 능력이 됩니다.

학교에서 배우는 공부에도 물고기에 해당하는 것과 낚시하는 방법에 해당하는 것이 있습니다. 이 두 가지는 모두 필요하지만, 물고기는 그 가치가 쉽게 눈에 보이기 때문에 많은 사람이 물고기를 얻는 데 집중합니다. 그러나 실제로 인생을 충실하게 살아가는 사람 중 상당수는 차근차근 낚시하는 방법을 배우고 있습니다.

물고기에 해당하는 가장 쉬운 예가 바로 입시 공부입니다. 시험이 눈앞에 다가와 있고, 합격과 불합격이라는 명확한 결과가 있기 때문에 '왜 공부해야 하는가?'라는 점에서 의문을 가질 사람은 거의 없을 것입니다. 이는 당장 물고기를 원하는 사람들의 심리와 같습니다.

하지만 입시 공부, 특히 시험을 풀기 위한 기술과 요령은 누구나 즉각적인 효과를 기대하며 달려들기 쉬운 반면, 막상 입시가 끝나면 그 외의 분야에서는 거의 쓸모가 없어지는 경우가 많습니다.

그러나 같은 입시 공부를 하면서도 꾸준히 낚시하는 방법을 익혀 나가는 사람들도 있습니다. 그들은 입시 공부를 단순히 단기적인 암기나 기술 습득으로 보지 않고, 사고방식, 목표 달성 방법, 시간 관리법이라는 시각에서 더 보편적이고 다양한 상황에 적용할 수 있는 방법으로 접근합니다.

즉, 여기에서 입시 기술은 '물고기 = 구체적인 것'이고, 사고방식은 '낚시하는 방법 = 추상적인 것'에 해당합니다.

여러분은 평생 물고기를 찾아다니는 삶을 살고 싶나요? 아니면 인생의 가능한 이른 시기에 낚시하는 방법을 익혀 더 넓은 가능성을 열어가는 삶을 살고 싶나요?

큰 꿈과 작은 한 걸음

여러분에게는 꿈이 있나요?

· 화성을 가까이에서 보고 싶다.

· 글로벌하게 활약하고 싶다.

· 어려움을 겪는 아이들을 돕고 싶다.

· 전쟁 없는 세상을 만들고 싶다.

· 프로 스포츠 선수로 성공하고 싶다.

이런 미래를 꿈꾸는 사람도 있을 것입니다.

그렇다면 다음과 같은 소망은 꿈이라고 할 수 있을까요?

· 어제 다퉜던 친구와 다음 주 안에 화해하고 싶다.

· 차이나타운의 맛집에서 맛있는 볶음밥을 배불리 먹고 싶다.

· 한국에 오는 프랑스 축구팀의 경기를 관람할 티켓을 사고 싶다.

· 여름방학에 어떤 아이돌의 팬미팅에 참가하고 싶다.

· 학기 말 모의시험에서 학년 상위권에 들고 싶다.

이것은 꿈이라기보다는 현실적인 목표나 바람에 가깝습니다. 그렇다면 처음에 언급한 꿈(A)과 그다음에 제시한 소망(B)은 어떤 점에서 다를까요? 'A 는 ○○이지만 B는 ××이다'라는 형식으로 어떤 차이점을 들 수 있을지 한 번 생각해 보세요.

- A는 몇 년이나 걸리지 않으면 이루기 어렵지만, B는 몇 개월 안에 실 현될 수도 있다.
- A는 전 세계의 아이들이 생각할 수도 있지만, B는 나와 비슷한 일부 사 람들만 생각할 것 같다.
- A는 실현 가능성이 작아 보이지만, 만약 이루어진다면 모두가 대단하 다고 할 것이다. B는 실현 가능성이 높아 보이지만, 이루어져도 주변 사람들이 감탄할 정도는 아닐 것이다.
- A는 막연하지만, B는 명확하다.

한마디로 말하자면, A는 꿈과 이상을 나타내고, B는 현실에 가까운 것을 의 미합니다. 여기에서도 이 책의 주제인 구체와 추상이 관련되어 있습니다. 위 의 A와 B의 몇 가지 표현 중, 어느 쪽이 구체적이고 어느 쪽이 추상적인 표현 이었을까요? A와 B의 각 항목을 비교해 보면 금방 알 수 있습니다.

A의 꿈과 이상은 추상적으로 표현되어 있고, B의 바람은 구체적으로 표현 되어 있습니다.

즉, 꿈은 추상적으로 이야기하는 편이 좋고, 현실은 구체적으로 이야기하 는 편이 좋습니다. 그 이유를 이해할 수 있나요? 152페이지의 자기소개 부분 에서 다룬 손전등과 레이저 포인터의 이야기를 떠올려 보세요. 추상은 범위 는 넓지만 희미하다고 표현할 수 있고, 레이저 포인터는 명확하지만 범위는 좁다고 표현할 수 있었습니다.

이렇게 생각하면, 크지만 희미한 꿈과 이상과 작지만 명확한 현실의 관계는 이 두 관계와 정확히 일치한다는 것을 알 수 있습니다.

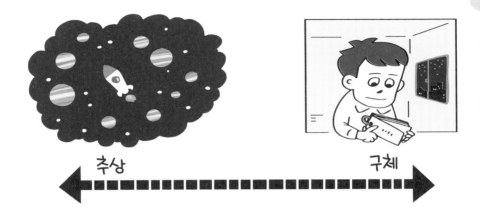

여기서 알 수 있는 것은 우리가 꿈이나 미래의 계획을 세우고, 그것을 실행하고자 할 때 사용하는 언어의 선택 방법입니다.

꿈을 이야기할 때는 추상적이고 큰 미래상을 이야기해야 하고, 그 꿈을 실현하기 위한 현실의 첫걸음을 내디딜 때는 그 행동이 최대한 구체적이며 당장이라도 시작할 수 있어야 합니다.

구체적인 말로만 이야기하는 것은 현실적이고 실현 가능성은 높지만, 작은 일에 그칠 가능성이 큽니다. 큰 꿈을 추구하기 위해서는 추상적인 언어를 함께 사용하여 이야기할 필요가 있습니다.

예를 들어, 우주비행사(추상적인 목표)가 되기 위해, 오늘은 ○○ 단어장의 45페이지에서 63페이지까지를 암기(구체적인 실천)한다. 이처럼 두 가지의 균형을 잡아가며 하루하루를 보내는 것이 꿈을 실현하는 데 가까이 다가가는 비결이 될지도 모릅니다.

구체와 추상의 차이 요약

여기서 이 책에서 다뤄온 구체와 추상의 차이를 정리해 보겠습니다.

어느 쪽이 구체적이고 어느 쪽이 추상적인가라는 문제 형식으로 되어 있으니, 전체를 다시 정리하여 구체와 추상에 대한 이해를 깊게 하고, 일상생활에서 이를 의식하며 활용할 수 있는 자료로 삼으시길 바랍니다.

구체와 추상 이해도 확인 문제

Q A와 B 중, 어느 쪽이 구체적이고 어느 쪽이 추상적인 관계에 해당할까요?

1. A) 야채   B) 토마토
2. A) 축구   B) 스포츠

3. A) 오감으로 느낄 수 있음   B) 오감으로 느낄 수 없음
4. A) 정리하다   B) 접시를 찬장에 넣다
5. A) 흐릿함   B) 명확함
6. A) 각각 따로   B) 하나로 묶음
7. A) 모두 같음   B) 모두 다름
8. A) 감정에 호소함   B) 감정에 호소하지 않음
9. A) 거시적(범위가 넓음)   B) 미시적(범위가 좁음)
10. A) 각각의 사물이나 사건   B) 그것들의 흐름
11. A) 각각의 사물이나 사건   B) 그것들의 관계성
12. A) 있는 그대로   B) 특징만 추려냄
13. A) 단순함   B) 복잡함

어떠셨나요?

　대부분은 지금까지 이 책에서 다룬 내용에서 발췌한 것이므로, 잘 모르거나 자신이 없는 경우에는 해당 부분을 찾아 확인해 보세요.

마치며
~넓은 하늘로 날아오르자~

구체와 추상의 개념을 탐구하는 여정을 즐기셨나요?

운동을 하거나 무언가를 배우는 사람들은 실제 경기나 발표회에서 큰 성과를 내기 위해 오랜 시간 기초 훈련과 기본 동작의 반복이 중요하다는 것을 잘 알고 있을 것입니다. 하지만 그것이 끝이 아닙니다. 몇 년간의 학교생활 이후에는 실전이나 콘서트, 라이브와 같은 무대가 기다리고 있습니다.

이런 무대는 긴장되는 순간도 많고, 실패했을 때의 충격도 클 수 있지만, 평소 연습의 성과를 발휘했을 때의 감동과 만족감은 연습과는 비교할 수 없을 만큼 크다는 점을 경험하게 될 것입니다.

여러분이 하루하루를 보내는 학교는 앞으로 기다리고 있는 진정한 큰 여정을 준비하기 위한 일종의 연습장이라고 생각해 주세요.

새에 비유하자면, 좁은 둥지 주위에서 먹이를 먹는 법이나 날갯짓을 배우는 아기 새가 성조(成鳥)가 되어 넓은 하늘로 날아가는 것과 같습니다.

물론 좁은 둥지에서 배운 것은 이후 넓은 하늘에서도 중요한 기초로 작용할 것입니다. 하지만 좁은 둥지와 넓은 하늘에는 많은 차이점이 존재한다는 것도 알아야 합니다. 이를 정리한 것이 다음 표입니다.

좁은 둥지 안	넓은 하늘
• 크기는 세계의 아주 작은 일부	• 크기는 무한하다
• 정답이 있다	• 정답이 없다
• 비교의 기준이 정해져 있다	• 비교의 기준이 정해져 있지 않다
• 규칙이 정해져 있다	• 필요하다면 규칙을 바꾼다
• 교과서나 본보기가 있다	• 교과서나 본보기가 없다
• 누군가의 말을 따른다	• 해야 할 일은 스스로 결정한다
• 대신 누군가가 지켜준다	• 자신의 몸은 스스로 지킨다

우선 당연한 이야기지만, 둥지와 하늘은 크기에서 압도적인 차이가 있습니다. 말 그대로 행동반경도 지역에서 세계, 혹은 우주 공간이나 심해로까지 확장되는 사람도 있을지 모릅니다. 즉, 행동 범위가 유한에서 무한으로 변화하는 것입니다.

학교 공부 대부분은 정답이 있다고 생각되지만, 사회에 나가면 거의 모든 문제에 유일한 정답은 없습니다.

이것은 여러분도 일상에서 경험하고 있을 것입니다.

예를 들어, 어떤 오해나 착오로 인해 절친한 친구를 화나게 했다고 해봅시다. 그 해결 방법은 교과서에 쓰여 있지 않고, 인터넷을 찾아봐도 그대로 사용할 수 있는 방법이 나와 있지 않습니다. 최선의 해결책은 상대방이나 상황에 따라 다르고, 어느 정도는 직접 행동해 보지 않으면 알 수 없다는 것을 경험적으로 알고 있을 것입니다.

또한, 정답이 존재하는 세계란 교과서나 그 외의 본보기와 규칙이 존재하는 세계를 말합니다. 즉, 좋든 나쁘든 해야 할 일이 정해져 있고, 벗어나면 안 되는 외곽선(시험으로 말하면 출제 범위)이 정해져 있다는 것입니다.

이는 자유롭게 움직일 수 있는 범위가 제한되고, 자신이 하고 싶은 대로 하려면 여러 제약이나 간섭을 받을 수 있다는 것을 의미합니다.

반면, 규칙만 잘 지키면 어느 정도 질서 있는 생활을 이어갈 수 있다는 장점도 있습니다. 이것이 학교나 가정을 좁은 둥지 안이라고 표현한 이유입니다.

보호받는 세계에서 넓은 세계로

지금 여러분은 어른이 되기 위한 준비 단계에 있으며, 선생님이나 가족 등 어른들에게서 이것저것 지적을 받거나 때로는 꾸중을 들을 때도 있을 것입니다.

더 먹고 싶은 음식이 있는데도 부모님이나 학교에서 제공하는 것만 먹을 수 있어 불편함을 느끼거나, 어른들로 인해 자유가 제한된다고 생각할 때도 있을지 모릅니다.

한편, 좁은 둥지 안에서만 생활한다는 것은 그 안에서 규칙을 지키고 본보기에 따르면 어른들이 여러분을 지켜주고 있다는 점을 잊지 말아야 합니다. 여러분은 그것을 느낄 기회가 많지 않을 수도 있지만, 실제로 주변의 어른들은 여러 가지 방법으로 여러분을 다양한 외부의 위험으로부터 보호하려고 노력하고 있을 것입니다.

물론 이것은 어른들의 논리일 뿐이고, 여러분에게는 귀찮게 느껴질 때도 많을 것입니다. 하지만 어쨌든 좁은 둥지 안에서 생활한다는 것은 자유가 어느 정도 제한되는 대신 외부의 위험으로부터는 보호받고 있다는 상태를 의미합니다.

뒤집어 말하면, 이제 여러분이 나아갈 넓은 하늘은 그와 반대로, **자유롭게 할 수 있는 일은 비약적으로 많아지지만, 자기 몸은 스스로 지켜야 하는 세계라는 것입니다.**

사회에서는 대부분 문제에 단 하나의 절대적인 정답이 없지만, 학교를 졸업하고 넓은 세상으로 나온 어른 중에도 정답과 비교라는 좁은 틀의 가치관에서 벗어나지 못하는 사람들이 있습니다. 가장 알기 쉬운 예가 인터넷 사회에서 벌어지는 논란 속의 상호작용입니다.

그곳에서 이루어지는 논쟁의 전제는 '나는 옳고 상대는 틀렸다'라는 단순한 옳음과 틀림의 가치관이며, 우월감 과시로 대표되는 '내가 다른 사람보다 뛰어나다'는 것을 보여주고 싶어 하는 비교의 가치관입니다. 비교가 가능하다는 것은 척도가 고정되어 있음을 의미합니다.

학교에서 공부하는 것은 아무 소용이 없다고 말하는 사람도 있습니다. 이말도 절반은 맞을 수 있지만, 그렇지 않은 부분도 많습니다. 이는 기초적인 반복 훈련이 실전에서 도움이 되는가, 되지 않는가라는 문제로 바꾸어 보면 알 수 있습니다.

또 하나, 책의 주제에 맞추어 표현한다면, 구체적인 수준에서는 직접적으로 도움이 되지 않을 수도 있지만, 추상적인 수준에서는 도움이 되는 경우가 압도적으로 많다는 답이 될지도 모릅니다.

자유도를 높이는 강력한 도구

좁은 둥지 안과 넓은 하늘 사이에는 큰 차이가 있습니다. 이를 한마디로 표현하면 자유도의 차이라고 할 수 있습니다.

좁은 둥지 안은 장점도 단점도 포함하여 자유도가 낮기 때문에, 자신이 원하는 음식을 고를 수 없는 대신 누군가가 먹이를 가져다줍니다. 또한, 모험을 할 수 없는 대신 큰 실패도 하지 않도록 보호받는 구조입니다.

반대로, 넓은 하늘에서는 자신이 원하는 대로 삶을 개척해 나갈 수 있는 자유가 있는 반면, 맹렬한 매에게 잡아먹히거나 길을 잃는 것과 같은 큰 위험이 잠재해 있습니다.

그곳에서는 좁은 둥지 안에서 배운 것들이 유용할 때도 있고, 그렇지 않을 때도 있을 것입니다. 좁은 둥지 안에서는 두각을 나타냈던 사람이 넓은 하늘에서는 빛을 발하지 못할 수도 있고, 반대로 둥지 안에서 그다지 활약하지 못했던 사람이 넓은 하늘에서는 크게 성공할 가능성도 있습니다.

무엇이 이 차이를 만들까요? 그것은 바로 좁은 둥지와 넓은 하늘의 차이, 즉 자유도를 얼마나 잘 활용할 수 있는지가 중요한 요소가 됩니다.

이 책의 주제인 구체와 추상, 특히 추상화는 자유도를 높이는 강력한 도구가 됩니다.

먼저, 좁은 둥지 안에서 추상화와 구체화라는 도구를 최대한 갈고닦으며 익히십시오. 이를 능숙하게 다룰 수 있다면 넓은 하늘로 나가더라도 두려워할 것이 없을 것입니다. 구체와 추상이라는 도구는 넓은 하늘에서 여러분의 무한한 가능성을 열어주는 열쇠가 되어 줄 것입니다.

호소야 이사오

비즈니스 컨설턴트, 저술가.

가나가와현 출생. 도시바에서 근무한 후, 언스트앤영(Ernst & Young), 캡제미니(Capgemini), 쿠니에(Kunie) 등 외국계 및 일본계 글로벌 컨설팅 기업에서 업무 혁신 등의 컨설팅을 수행한 뒤 독립하였다. 최근에는 '구체와 추상'이라는 개념을 중심으로 한 강연 및 세미나를 기업, 다양한 단체, 학교 등을 대상으로 국내외에서 진행하며, 사고력 향상을 위한 보급 활동을 펼치고 있다. 주요 저서로는 『지두력(地頭力)을 단련하다 – 문제 해결에 활용하는 '페르미 추정'』, 『아날로지 사고 – '구조'와 '관계성'을 꿰뚫어 보는 힘』, 『구체와 추상 – 세상이 달라 보이는 지성의 구조』, 『구체 ⇄ 추상 트레이닝 – 사고력이 비약적으로 향상되는 29가지 문제』 등이 있다.

13세부터 익히는 두뇌 사용법

구체와 추상

초판 1쇄 인쇄 2025년 3월 10일
초판 1쇄 발행 2025년 3월 25일

엮은이 호소야 이사오
마케팅 ㈜더북앤컴퍼니
펴낸곳 도서출판 THE북
출판등록 2019년 2월 15일 제2019-000021호
주소 서울특별시 영등포구 양평로12가길 14 310호
전화 02-2069-0116

이메일 thebook-company@naver.com
ISBN 979-11-990195-2-2 (03370)